Oskar Hodosi

Die Sieben Maharanis

Die Geheimlehren der Himalaya-Yogis
schenken Ihnen innere Kraft
und Harmonie der Seele

Originalausgabe

Wilhelm Heyne Verlag
München

HEYNE RATGEBER
08/9485

Printed in Germany 1994
Umschlaggestaltung: Atelier Adolf Bachmann, Reischach
Umschlagillustration: Silvestris, Kastl/Dr. Unbescheid
Satz: Kort Satz GmbH, München
Druck und Bindung: Ebner Ulm

ISBN 3-453-07703-2

Inhalt

Darsteller der Übungen:

Michaela TRPIN und Oskar HODOSI

Einführung

Es war einmal vor vielen Tausenden von Jahren, als das sagenumwobene Atlantis noch existierte. Es war das Land der Götter und die Wiege der Magie und des vollendeten Wissens. Als es im Meer versank, konnten sich einige Priester von Atlantis retten. Man nannte sie Hüter des Feuers *agni*. Sie kannten das Geheimnis, das Menschen zu Göttern erhebt. Als Yoga des Kraftvollen und Anmutigen wurde es später benannt. Sie zogen mit dem Volk, welches am Rande von Atlantis lebte, in ferne Länder des südlichen Europas über das alte Ägypten bis nach Asien. Dadurch kamen sie in Kontakt mit anderen Zivilisationen und vollendeten ihr Wissen über den Menschen, die Natur und den Kosmos. Die Erde, Wasser, Feuer, Luft und der Himmelsraum waren ihnen heilig. Sie ehrten sie und gewannen Macht darüber. Die heilige Silbe OM wurde ihre stärkste magische Zauberformel. Im Zweistromland von Euphrat und Tigris fand ein Teil des Volkes, bekannt als die *Sumerer*, seine zukünftige Heimat. Der restliche Teil zog weiter und wurde bald als stolzes kriegerisches Volk bekannt und gefürchtet. Große Weise und kampferprobte Führer wie Indra, Vishnu, Varuna und Mitra wurden als die ersten Götter in ihren heiligen Schriften, den *Veden*, gefeiert. Als *Sanskrit* war und ist es die Mutter aller Sprachen. Nicht nur Männer, sondern auch Frauen wie Tara, Rati oder Usa (Göttin der Morgenröte) ließen ihren Ruhm als stolzes Volk vorauseilen. Seite an Seite kämpften Männer und Frauen mit ihren Vierzack, Wurfseil und Bogen, auf ihren von Pferden gezogenen Streitwagen. Varuna und die Kriegsgöttin Durga versetzten durch ihren blutrünstigen Kampfstil ihre Gegner in Angst und Schrecken.

Noch im heutigen Indien ergreift die Menschen Ehrfurcht, wenn sie zu ihrer Göttin Durga beten. Nicht ohne Grund benannten die tollkühnen Krieger ihre Frauen als Himmelsbotinnen. Stark wie

Durga, voller sexueller Wonne wie Rati (Göttin der sexuellen Energie) und voll Liebe und Zärtlichkeit als Muttergöttin Ambika beschrieben sie ihre Frauen. Als Himmelsfee und Wassergeist erschien den Männern im Traum Apsara und tanzte mit ihnen hoch zu den Sternen, wo alle geheimen Wünsche Erfüllung fanden. Priester und Priesterinnen nahmen zu bestimmten Planetenkonstellationen den Göttertrunk *Soma* ein und verbanden sich mit der Welt des Unsichtbaren. Die daraus gewonnene magische Fähigkeit machte sie stark und unangreifbar. Ihre großen Magier, die Hüter des Feuers *agni*, hüteten dieses Geheimnis und gaben es nur mündlich an Auserlesene, als geflüstertes Geheimnis, weiter.

Unterstützt durch ihre Magier, eroberten Auserlesene, die Kshatriyas, ein Reich, welches sich von Persien bis nach Südindien und Ceylon ausdehnte. Große Herrscher und spätere Maharadschas dehnten dieses Reich bis nach China und Indonesien aus. Sie verwalteten und verteidigten diese Hochkultur der Hindus über Jahrtausende. Jene Herrscher und Herrscherinnen gehörten zu dieser ältesten Rasse Indiens, den Kshatriyas, den kosmischen *Vratya*. Ihr Schlachtruf hieß: »Mögen wir siegreich in der Schlacht sein« (Rigveda).

Die späteren Maharadschas oder *Maharanis* waren die eingeweihten Nachfolger jener sagenumwobenen Kriegerkaste. Der zukünftige Krieger oder die Kriegerin wurden systematisch durch das Yoga der Maharani körperlich und seelisch auf die Aufgaben des Herrschers vorbereitet. Ein Teil des Volkes der Maharanis hieß Rajputen. Sie waren bekannt als die wildesten und schreckenerregendsten Krieger Indiens. Die Maharanis waren aber auch wegen ihrer Schönheit, Anmut und außerordentlichen Klugheit berühmt. Eindrucksvolle Festungen, unvorstellbarer Reichtum, wundervolle Paläste und kosmisches Wissen über Sterne und Planeten erinnern daran. Der Maharadscha von Jaipur ließ das größte und technisch ausgereifteste Observatorium In-

diens erbauen. Als geheimnisvolles Land der Magie und des unerschöpflichen Reichtums war Indien berühmt. Sogar Alexander der Große wollte es erobern, machte dann aber davor halt und ehrte es. Er nahm einen ehemals berühmten Yogi als spirituellen Lehrer an und verband die griechische mit der indisch-persischen Kultur. Die Hüter des Feuers *agni*, bekannt als Asketen, die sich mit heiliger Asche bedeckten, waren die namenlosen Meister von zukünftigen Maharadschas, Prinzen und großen Yogis. Durch sie waren die Herrscher mutig und stark, um das Erbe Indiens zu erhalten und verteidigen zu können. Die Früchte des Yogas der Maharani zeigten sich durch langanhaltende Jugend, strahlende Schönheit, Reichtum und Macht sowie durch außergewöhnliche Klugheit.

Ich gelangte zu Yoga durch eine schwere Krankheit. Jahrelang litt ich daran und hatte wenig Hoffnung zu genesen. Über Zenmeditation kam ich erstmals in Berührung mit Yoga. Schon nach der ersten Yogastunde spürte ich die heilende Auswirkung auf meinen Gesamtorganismus. Ich entdeckte dabei die Wechselwirkung von Körper, Seele und Geist. Wie ein Ertrinkender hielt ich mich an das Yoga und übte mich jahrelang darin. Ich wurde gesund. Da Yoga über die gesundheitliche Wirkung hinausgeht, machte ich mich auf die Reise nach einem geeigneten Lehrer. Auf dieser Reise traf ich zu meinem Glück einen indischen Yogalehrer, welcher Professor am staatlichen Vivekananda Yogacollege in Delhi war. In den nächsten Monaten lernte ich durch ihn einige neue Techniken des Yoga kennen.

Der Tanz, die Musik, die heilende Medizin und sogar die Wissenschaften in Indien anerkennen Yoga als die höchste Kunst. Durch die systematisch aufgebauten Techniken des Yogas werden alle menschlichen Grenzen gesprengt. Ich entdeckte dadurch den Sinn meines Lebens — das Yoga.

Eines Tages wurde mein Lehrer von einem berühmten Yogi zu einem Gedanken- und Übungsaustausch eingeladen. In Indien ist dies unter Eingeweihten üblich, um sich in der Kunst des Yogas zu vervollkommnen. Man sagt: »Yoga ist so unendlich wie das weite Land ohne Horizont.« Dieser berühmte Yogi war auch Lehrer der damaligen indischen Staatspräsidentin. Sie verkörperte die Früchte des Yogas der Maharani durch strahlende Schönheit, jugendliches Aussehen, Reichtum, Macht und außergewöhnliche Klugheit. Dieser berühmte Yogi lebte in einem prächtigen Maharadschapalast. Weithin sichtbar leuchtete der Palast wie ein Märchenschloß im Sonnenlicht. In dem herrlich angelegten Palastgarten standen kunstvoll angefertigte Marmorstatuen von Göttern in Yogapositionen. Yogis übten diese Positionen und verharrten in diesen für Stunden. Man konnte sie kaum von den Statuen unterscheiden. Dreihundert der schönsten Frauen Indiens lebten in dem Palast und verehrten den Yogi. Er war berühmt für seine sexuelle Potenz, Schönheit, Kraft und Macht. Eingeweiht im *Geheimnisvollen Siegel* des Aufziehens des Samens, strahlte er Anmut und Kraft aus. Mein Lehrer und ich lebten in jenem Palast für einige Zeit, und ich konnte dort mein Wissen über das Yoga vervollkommnen. Eines Tages erzählte der Yogi uns über seinen Meister. Er war jener geheimnisvolle *Hüter des Feuers, agni,* der das uralte Wissen des Yogas, die Maharanis, lehrte. Als namenloser Meister war er über dreihundert Jahre alt. Er hatte keinen Namen, da seine Seele sich bereits zu Lebzeiten mit Gott vereinte. In Indien gibt es nur wenige dieser geheimnisvollen Yogis, erreichbar nur für dafür Auserwählte. Sie leben in versteckten Höhlen des Himalayagebirges oder in den dichten Urwäldern, an Seen oder Wasserfällen. Der namenlose Meister hatte sich einen herrlich gelegenen Platz als Wohnstätte ausgesucht. Er lebte an einem klaren ruhigen See auf einem Pfahlbau. Die Ahnen der noch lebenden Großväter des nahegelegenen Dorfes kannten ihn bereits. Die Dorfbewohner schützten ihn vor Neugierigen, und nur seine Schüler durften zu ihm. In Zurückgezogenheit praktizierte er das *Magische — Siddhi Yoga*. Dadurch erlangte er übersinnliche Fähigkeiten. Er tauchte für Stunden zum Seegrund hinab und meditierte dort in absoluter Ruhe und Stille, ohne zu atmen. Als ich all dies hörte, hatte ich nur den einen Wunsch, diesen namenlosen Meister kennenzulernen. Ich nahm meinen ganzen Mut zusammen und fragte den berühmten Yogi danach. Er meinte, daß er darüber nachdenken und danach mit seinem Meister sprechen müßte. In Indien sagt man, daß man unzählige Male geboren wird, bevor man mit Yoga in Berührung kommt. Es vergehen noch unzählige Leben als Yogi, bis einen ein namenloser Meister in das Yoga des Kraftvollen und Anmutigen der Maharani einweiht. Es vergingen Tage und Wochen des langen Wartens. Ich war überrascht und glücklich, als eines Tages der berühmte Yogi mich zu seinem namenlosen Meister einlud. Ich durfte ihn endlich kennenlernen und wurde sogar vom Meister persönlich in das Yoga der Maharani eingeweiht. Als ich ihm gegenüberstand, war ich von seinem kraftvollen jungen Aussehen überrascht. Die Jahrhunderte waren an ihm fast spurlos vorübergegangen. Hautnah spürte ich die elektromagnetische Energie, die von ihm ausging und mir fast den Atem nahm. Als ich mich getraute, ihn anzusehen, fühlte ich die Wärme und Herzlichkeit, die von ihm ausgingen. Dies gab mir Mut, mich ihm anzuvertrauen. Um mich auf die Belehrungen vorzubereiten, verbrachte ich einige Tage der Stille und Verinnerlichung auf einer Anhöhe im nahen Wald. Ein Wasserfall kühlte die Luft, und der Duft exotischer Blumen verzauberte meine Sinne. Es war der richtige Ort, um mein Herz für die Unterweisungen des namenlosen Meisters zu öffnen. Das Geheimnis der Geheimnisse erhielt er selbst vor unvorstellbar langer Zeit von einem *Hüter des Feuers, agni*, als er noch sehr jung war. Seit Jahrtausenden wird es nur Maharadschas, auserwählten Frauen — genannt *die Himmelsbotinnen* (dhuti) — oder dafür Auserwählten anvertraut.

Die Einweihung in das Yoga der Maharani geschieht in sieben Unterweisungen an sieben Tagen. Die Zahl Sieben ist die stärkste magische Zahl, denn es gibt sieben Hauptenergiezentren im menschlichen Organismus. Diese entsprechen den sieben mit freiem Auge sichtbaren Planeten und sind sieben Göttinnen untergeordnet. Wiederholt man die Übungen des Maharani in den folgenden sieben Tagen, dann entwickeln sich die Kräfte der Maharani in einem, die zu Macht, Reichtum, Schönheit, Jugend und schließlich zur Selbstfindung führen können. Mein namenloser Meister unterstrich die sieben Unterweisungen mit sieben Geschichten, um die Auswirkungen der Übungen besser hervorzuheben. Wie ein gemaltes Bild verinnerlicht und verwirklicht sich dadurch die Unterweisung mit den praktischen Übungen. Wichtig ist es dabei, die Übungen zu perfektionieren. Dadurch entwickelt sich das Kraft volle und Anmutige in einem. Ich gebe nun getreu den Erzählungen des namenlosen Meisters das geheimnisvolle Yoga der Maharani wieder. Es beginnt aber erst dann in einem zu reifen, wenn man sein Herz dafür öffnet und es wie einen goldenen Schatz in sich aufnimmt.

Das Geheimnis der Sieben Maharanis in sieben Unterweisungen

1. Unterweisung Montag

Daakini. Sie verleiht einem die Energie zur Kraftaufladung

Kraftaufladung

Der Montag ist der Göttin *Daakini* und dem ersten Energiezentrum, welches am Ansatz der Wirbelsäule in der Steißbeingegend ruht, gewidmet. Es entspricht dem Element Erde und wirkt als Erdanziehung über die Beine. Die Göttin Daakini aktiviert das erste Energiezentrum. Dadurch festigt sich das Fundament, auf dem man steht, und man hat die Kraft, richtig zu handeln. Dies geschieht über die Kraftaufladung. Es verleiht einem die Kraft, sich gegen Schwierigkeiten zu wappnen und Hindernisse aus dem Weg zu räumen.

Der namenlose Meister sprach zu mir: Es geschah zu jener Zeit, als Indien in seinem Reichtum und seiner Macht wie eine Blume erblühte. Ungefährdet von äußeren Aggressoren, entwickelte es sich zu einem friedfertigen Staat, aufgeteilt in Fürstentümer. Es gab keine Armut, Wissenschaft, Kunst und Spiritualität erlebten ihre Hochblüte. Musik, Erotik und Tanz ließen die Seelen der Menschen in Lust erschauern. Die tantrische Göttin *Kali* hielt schützend ihre Hand über das Land. Unzählige Tempel, geschmückt mit erotischen Darstellungen, und wundervolle Lustgärten, in denen sich Priesterinnen in höchstem Entzücken der Liebe und dem Tanz hingaben, wurden damals zu Ehren Kalis erbaut. Nackte Asketen, bedeckt mit heiliger Asche, zogen mit ihrem Dreizack durchs Land. Vereint in Ekstase mit ihren Göttern Shiva, Vishnu und Brahma, hüteten sie das Feuer *agni,* um es jederzeit als magische Waffe gegen Eroberer zu verwenden. Sie waren gefürchtet, und doch vertraute man ihnen ganz als Beschützer der Hindu-Kultur. Maharadschas als Fürsten beherrschten das Land, ganz dem Wohl für das Volk hingegeben. Bis zu den entferntesten Ländern drang der Ruf von unermeßlichem Reichtum und grenzenloser Friedfertigkeit. In Radschasthan lebte zur damaligen Zeit ein berühmtes

Maharadschageschlecht, bekannt für seinen Mut, mit Waffengewalt jeglichen Eindringling aus dem Norden abzuwehren. Sie hüteten das Tor Indiens gegen die Mongolen im Norden. Sie waren in Aufbruchstimmung und wollten das sagenumwobene Indien erobern. Der Maharadscha, Herrscher über riesige Ländereien und goldprunkende Städte, machte sich Sorgen um seinen einzigen Sohn und Erben, den Rajaprinzen Nambudiri. Da der Maharadscha schon alt war, fürchtete er um sein Fürstentum. Im Norden lauerte der Aggressor und wartete auf das Ableben des Maharadschas. Man wußte, sein Sohn war schwach und wankelmütig. Er würde beim ersten Ansturm der Mongolen von Angst ergriffen auf jede Gegenwehr verzichten. Zu viele Sorgen und Selbstzweifel trübten seine Seele. Er war zart von Gestalt, in sich zusammengesunken und dauernd kränkelnd. Bange war ihm ums Herz bei der Vorstellung, den Platz seines Vaters einmal einnehmen zu müssen. Das dauernde Darüber-Nachdenken, warum er so mutlos und schwach war, raubte ihm noch mehr Kraft. Er wußte weder ein noch aus. In den angrenzenden Bergen des Himalaya lebte zur damaligen Zeit ein großer Asket in Schweigen und Meditation. Er hütete das Feuer *agni,* welches reinigend, aber auch zerstörend wirken konnte. Der Maharadscha wandte sich an den Asketen und bat ihn um Hilfe wegen seines Sohnes. Dieser nahm die Bitte an. Müde und ausgelaugt erreichte der Prinz die Höhle des Asketen. Sie lag hoch über einem wilden Tal, und man hörte ganz nahe die Geräusche von wilden Tigern und Bären. Vor der Höhle brannte ein riesiges Feuer, an dem der Asket bedeckt mit weißer Asche saß. Er meditierte zu seinem Gott *agni* und vollbrachte das heilige vedische Feueropfer *agnihotra.* Vereint in kosmischer Ekstase mit seiner tantrischen Göttin *Rati,* erweckte er in sich die glühende Weltenenergie. Er war einer jener namenlosen Meister, die über Telephatie ihre Schüler unterrichteten. In Schweigen seit Jahrzehnten gehüllt, wies er den Rajaprinzen zu seinem Platz in der Höhle. Geräumig dehnte die Höhle sich tief in den Berg. Im Aufflackern des funkensprühenden Feuers konnte der Prinz die in der Felswand eingehauenen Götterstatuen sehen. Sie blickten wohltuend auf ihn. Müdigkeit und Ruhe hüllten in ein, und er schlief tief und fest in jener Nacht.

Für den Prinzen begann nun eine Zeit der Auseinandersetzung mit sich selbst. Der Asket behandelte ihn wie seinen eigenen Sohn und führte ihn verständnisvoll und hilfreich in das *Maharani* ein.

Der heilige Asket erklärte ihm dazu folgendes: »Der Mensch ist mit der Natur und dem Kosmos verbunden. Tiere und Pflanzen kümmern sich um ihn. Sie geben ihm Nahrung und Luft zum Atmen. Die Mutter Erde liebt den Menschen, gibt ihm Kraft und sorgt sich ein Leben lang um ihn. Durch den Vater Himmel erhält er Weisheit und Würde. Durch die Sieben Maharanis erhält man die Kraft der Erde und die Weisheit des Himmels. Sie wirken heilend auf den Körper, die Seele und den Geist des Menschen. Die beiden Gestirne, Mond und Sonne, verleihen ihm die dazu nötige Energie. Die Mondenergie kühlt und beruhigt, die Nacht gibt uns den Schlaf und die Entspannung. Der Tag erwacht durch die Sonne, und die Energie der Sonne regt das Leben in all seinen Nuancen an. Viele Menschen haben aber Angst vor dem Leben am Tag und dem Unbekannten der Nacht. Sie fühlen sich unsicher und schutzlos. Ihr Gesicht ist verspannt, die Augen sind leer und glanzlos. Sie ziehen die Schultern hoch und den Nacken ein. Dadurch können sie kaum atmen, verspannen sich, und die Angst wird größer. Angst aber frißt die Seele auf und vernichtet damit jegliches Gefühl. Der Körper lügt nicht, er zeigt, wie man fühlt und denkt. Den Bezug zu ihrem Körper haben aber viele Menschen verloren, und ihre Seelen sind wie eine verwelkte Blume verblüht. Gott Bhairavi, der durchdringende Schrecken als die okkulte Macht des Todes, hat diese Menschen und auch dich, mein Rajaprinz, erfaßt. Du spürst bereits, wie deine Kehle zugeschnürt ist und es dir den Atem nimmt. Es gibt nur einen Weg aus dieser scheinbar aussichtslosen Lage. Behandle dich nicht wie einen Fremden. Dein Körper und deine Seele sind deine guten Freunde; sie wollen dir etwas sagen. Die Mutter Natur gab dir das Leben. Achte darauf und gehe damit liebevoll um. Vertraue deiner eigenen Natur, denn sie liebt dich. Atme nun tief ein und aus und beginne deine Schwäche in Stärke zu verwandeln. Werde dir deiner verspannten Haltung bewußt. Ziehe die Schultern hoch und den Nacken ein. Spüre, wie der Brustkorb sich dabei verengt und es schwerfällt, zu atmen. Der Atem verbindet dich aber mit deinen Gefühlen. Je tiefer und ruhiger dein Atem ist, desto inniger ist dein Bezug zu deinen Gefühlen und zu deiner Seele. Bist du nervös und hast du Angst, so geht der Atem rasch, und du spürst kaum deinen Körper. Bist du aber glücklich oder verliebt, so atmest du tief und ruhig. Dein Körper erwacht dabei wie nach einem tiefen Schlaf, und du spürst ein angenehmes prickelndes Gefühl vom Scheitel bis zu den Zehen. Mache dich frei von deinen Ängsten und all dem, was dir Kraft nimmt. Atme die negative Energie über deinen Mund und über die Beine zu den Füßen in den Boden aus. (Abb. S. 27) Spüre in der Einatmung, wie die Mutter Erde dir über die Füße und Beine Energie sendet und dein Körper sich dadurch aufrichtet. Wiederhole diese Übung für einige Male. Vertrauen, Kraft und Mut durchströmen dich. Atme nun tief ein und recke und strecke dich wie ein Baum zum Vater Himmel, dem Kosmos. Festverwurzelt mit dem Boden und doch ganz leicht und locker fühlst du dich nun.

Die Gelenke sollen richtig bewegt werden, um sie beweglich und gesund zu erhalten. Dort, wo Gelenke sind, befinden sich auch Energiezentren. Um diese zu aktivieren und sie für die Energie durchlässig zu machen, entwickelte das Yoga der Maharani dafür bestimmte Körperstellungen. Dadurch reibt der Gelenkkopf nicht an der Gelenkpfanne. Blockaden im Gelenkbereich lösen sich dadurch auf, und man bleibt von jeglichen Gelenkerkrankungen wie zum Beispiel Rheuma und Gicht verschont.«

Der heilige Asket fuhr mit der Unterweisung zur richtigen Entspannung fort:

»Lege dich nun auf den Rücken. Stelle dir einen glitzernden See vor. Lege die Hände auf den Bauch zu deinem inneren Kraftwerk. Ziehe beide Beine an. Spüre, wie der Atem sanft ein- und ausströmt und der Bauch sich dabei hebt und senkt – wie es ihm beliebt. Vertraue deiner inneren Natur. Ruhe und Stille durchströmen den ganzen Körper spürbar als Wärme bis in die Fingerspitzen. Lasse dich dabei tief in dein Inneres fallen. Fühle dich geborgen und behütet.«

Der heilige Asket erklärte dem Rajaprinzen nun den Sinn der heilbringenden Körperstellungen, die im Stehen ausgeführt werden. (Abb. S. 27)

»Krankheit und Gesundheit zeigen sich über den Körper. Fällt der Körper in sich zusammen, so leiden Seele und Geist darunter – man ist krank. Deshalb ist es so wichtig, etwas dagegen zu tun. Sich aufzurichten, durchzuatmen, der eigenen Natur – sich selbst – zu vertrauen, dies führt zur inneren Harmonie und Gesundheit. Die Kraft dazu bekommt man von der Mutter Erde, indem man wie ein festverwurzelter Baum sich Kraft und Energie von ihr holt und sich dadurch mit Gesundheit auflädt. Dafür sind die Stehübungen besonders geeignet. In diesen Übungen liegt eine Art Jungbrunnen. Dadurch lädt man sich wie ein Kraftwerk auf, und kein noch so leidvolles Schicksal kann einen aus dem inneren Lot bringen. Fest und stark trotzt du jedem Feind und nimmst dein Schicksal fest in die Hand. Kraftvoll geformt werden deine Beine, keine Angst läßt deine Knie erzittern oder nimmt dir den Boden unter deinen Füßen.

Die stehenden Positionen, mein Prinz, erfordern Gleichgewicht und helfen einem, sich zu konzentrieren. Die Lebensenergie wird zu den Energiezentren geleitet, und dadurch werden die brachliegenden Energien freigesetzt. Bevor du in die Übung hineingehst, stelle sie dir genau vor. Meine erklärenden Worte dazu, kurz und prägnant, helfen dir dabei. Nimm danach die Position ein und verweile ruhig und tief atmend für sechs Atemzüge darin. Je länger du darin verweilst, wie eine atmende Statue, desto mehr an Energie nimmst du auf. Beginne nun und schule dadurch deinen Körper und deinen Geist.«

In den nächsten Tagen und Wochen übte er unter der Anleitung des Asketen das *Maharani* und fühlte dabei eine Veränderung in seinem Wesen. Angst und Wankelmütigkeit veränderten sich in Mut und innere Festigkeit. Sein Körper strahlte dies aus, sein ganzes Wesen war davon ergriffen.

In den letzten Tagen beim Asketen wurde ihm diese positive Veränderung durch die folgenden Energieübungen vollkommen bewußt.

Dazu erklärte der heilige Asket dem Rajaprinzen folgendes: »Dein Körper wird erst durch die Energie, *Prana*, beseelt und belebt.

Du hast dich nun durch die Übungen aufgeladen. Deine Hände sind das feinste Instrument dazu, die Energie zu spüren. Überprüfe die Intensität der Kraftaufladung nun durch die folgende Energieübung: (Abb. 6, S. 27) Reibe deine Hände fest aneinander. Wende die Handflächen in einem Abstand von 40 Zentimeter zueinander. Konzentriere dich auf die Energie zwischen den Handflächen. Bewege die Handflächen langsam zueinander, und spüre, wie das dazwischen liegende Energiepolster sich mehr und mehr verstärkt. Sind die Handflächen zehn Zentimeter voneinander entfernt, so halte inne. Konzentriere dich auf die elektromagnetische Strömung. Deine Hände sind nun so stark mit Energie aufgeladen, daß es dir nur mit Mühe gelingt, die Hände voneinander zu lösen. Vergrößere wieder langsam die Distanz auf 40 Zentimeter – und wiederhole diese Energieübung.«

Der Prinz begriff nun, welchen Schatz er durch die Maharaniübungen erhalten hatte.

Der Rajaprinz war frei von dem Schrecken, der ihm jede Kraft zum Leben nahm. Ihm wurde bewußt, daß er selbst sein Schicksal bestimmen konnte. Statt sich andauernd Kraft zu nehmen, kann man sich auch Kraft geben und das Leben zum Positiven wenden. Er hatte nun vor nichts mehr Angst. Sicher fühlte er sich und festverwurzelt mit seiner eigenen Natur. Gott *Bhairavi* hatte beim Prinzen den Schrecken in Mut verwandelt. Als der Abschied von dem heiligen Asketen nahte, sah er wie im Traum ihn mit Asche bedeckt vor seiner Höhle sitzen. Er meditierte zu seinem Gott *agni* und vollbrachte das heilige vedische Feueropfer, wie es schon seit Jahrtausenden in Indien vollbracht wird.

Mit freudigem Herzen kehrte er zum Maharadschapalast seines Vaters zurück. Als der Vater ihn umarmte, war er von der positiven Veränderung seines Sohnes ergriffen. Kraft und innere Festigkeit strahlten von ihm aus. Von weither hörte der Prinz die Stimme seines Lehrmeisters, des heiligen Asketen: »Nambudiri, du bist nun vorbereitet auf alles, und du wirst immer siegreich sein.«

In dieser Nacht erschien dem Rajaprinzen die tantrische Göttin *Kali*. Die Macht ihrer Bezauberung umhüllte ihn, und sie schenkte ihm ihre ganze Wonnenatur. Nach sinnlichem Parfum roch sie, wie Sandelholz, Moschus, Patschuli und Kampfer. Girlanden aus roten Blumen trug sie und war voller innerer Stärke, Kraft und Energie. Eine Lebenshaltung von »Alles-oder-Nichts« überflutete ihn, und eine leidenschaftliche Liebe verband ihn mit seiner Göttin.

Zur Erinnerung an diese Leidenschaft vereinten sich vor einer großen Schlacht die Rajputenfürsten mit ihren Frauen, im heiligen Ritual des *maithuna*. Dadurch erhofften sie, ihre Göttin *Kali* zu einem siegreichen Einlenken der Schlacht zu bewegen. Sie glaubten, daß durch einen Überfluß an Kraft und Energie sie das Göttliche anziehen. Ihre Frauen nannten sie Himmelsbotinnen, denn sie waren furchtlos und voller Leidenschaft. Ihr Glaube bewahrheitete sich, wie die Geschichte uns lehrt und Sagen von unvorstellbarem Reichtum uns erzählen.

Durch die Sieben Maharanis entwickelt man diese positive Lebenshaltung.

Die 1. Maharani

1. Kraftaufladung

Breitbeinig stehend – ein wenig in die Knie – Arme seitlich und Handflächen zum Boden weisend. Becken ein wenig nach vorne schieben, Schultern entspannt, ruhig ein- und ausatmen. In der Einatmung die Erdenergie über Füße, Beine und Hände aufnehmen und in der Ausatmung Probleme und Sorgen über Hände und Füße in den Boden ausatmen. Nach einigen Atemzügen Finger ineinander und sich nach oben durchstrecken. Spüre dabei, wie Lebenskraft und Mut dich durchströmen.

Tief und gedehnt durch die Nase ein- und ausatmen und in den Positionen für 6 Atemzüge verharren.

2. Tänzer

Hand faßt angewinkeltes Bein – Ferse zum Gesäß drücken, Handfläche nach oben gestreckt – Brustkorb vorgewölbt – Beinwechsel. Danach Hände auf den Bauch legen und ruhig in den Bauch atmen und spüren, wie dort die innere Lebensbatterie aufgeladen wird.

3. Heldenposition

Großen Schritt nach vorne – Arme nach rückwärts und vorwärts, vorderer Oberschenkel parallel zum Boden – rückwärtiges Bein durchgestreckt, verharren und tief atmen, Seitenwechsel.

Anregung der Kalziumproduktion – Knochen, Gelenke und Skelett werden gekräftigt, das Gewebe des Gesäßes und der Oberschenkel wird gefestigt.

4. Dreieck

Von der Heldenposition – Hand neben Fuß am Boden stützen – anderer Arm und Hand seitlich nach vorne gestreckt; Seitenwechsel.

Spüre, wie die Energie als Wärme das Becken und den Oberkörper bis zu den Fingerspitzen durchströmt. Diese Energie bezeichnet man als *Prana*.

Es erfolgt eine Dehnung der Sehnen, Stärkung der Bänder und intensive Durchblutung der inneren Organe. Stärkung und Heilung des Gesamtorganismus.

5. Krieger

Im Fersensitz Beine überkreuzen und auf der Ferse sitzen. Arme nach oben strecken – Handflächen am Rücken zu den Schulterblättern legen. Brustkorb nach vorne gewölbt.

Streckung und Stärkung der Wirbelsäule, Schultern und Arme. Durchlüftung und Heilung des Bronchialsystems und der Lunge. Die Abwehrkräfte des Immunsystems werden aktiviert.

1. Kraftaufladung, 2. Tänzer, 3. Heldenposition, 4. Dreieck, 5. Krieger, 6. Energieaufladung durch die erste Maharani

① 

 ②

③ 

 ④

⑤ 

 ⑥

6. Energieaufladung

Spüre die Energieaufladung durch das *Erste Maharani*. Hände fest aneinanderreiben – Handflächen im Abstand von 40 Zentimeter zueinander – fühle die Energie auf den Handflächen, Handflächen langsam zueinander bewegen und spüren, wie das dazwischen liegende Energiepolster sich verdichtet. Im Abstand von 10 Zentimeter innehalten und die elektromagnetische Strömung zwischen den Händen spüren.

Wirkung: Der Gesamtorganismus ist nun stark mit Energie aufgeladen. Die Drüsen schütten vermehrt Hormone aus. Straffung der Haut – Kräftigung von Haaren und Nägeln.

2. Unterweisung Dienstag

Raakini, die Göttin für die Antriebskraft

Magische Fähigkeiten

Der Dienstag ist der Göttin *Raakini* gewidmet. Sie aktiviert das zweite Energiezentrum durch die Antriebskraft. Es liegt in der Wirbelsäule in Höhe des Genitalbereiches und wirkt über das Element Wasser. Es beginnt nun die Ausdehnung der Persönlichkeit. Dazu verhelfen uns unsere Wünsche und Phantasien. Um diese dann in die Tat umzusetzen, braucht man Zielstrebigkeit und Ausdauer. Freude, aber auch Schmerz erlebt man dabei!

Mein namenloser Meister sprach zu mir: »Der Mann verkörpert in allen großen Kulturen die Kraft der Sonne. In ihm pulsiert die heiße Energie als das Licht- und Lebensspendende. Die sexuelle Potenz gibt ihm Macht über Mensch und Tier. Als das Land der Götter – Atlantis – noch existierte, wurde der Magier und Yogi mit vier Antlitzen und einem stark erigierten Glied dargestellt. Er ist der Herr über alle vier Himmelsrichtungen der Erde und des Himmels; alle Tiere sind ihm untertan. Unendliche magische Kräfte werden durch die Kraft der sexuellen Potenz in ihm erweckt. Als wilde schöne Geliebte und Himmelsbotin erscheint ihm seine innere Göttin. Sie umschlingt ihn mit Wollust, und beide werden zu einem göttlichen Paar.«

Es geschah vor vielen Tausenden von Jahren in Indien. Der Mensch war damals vom Wunsch nach magischen Kräften und spiritueller Sehnsucht erfüllt. Einige gingen in den Wald, andere lebten hoch in den Bergen. Sie suchten den Weg nach innen und übten in Stille die Versenkung. Man nannte sie *Keshin*, der in Verzückung Rasende Ekstatiker.

Gemeinsam mit ihren Himmelsbotinnen, den schönsten und klügsten Frauen Indiens, übten sie sich in der Fähigkeit, den Göttern gleich zu werden. Damals lebte ein Magier und großer Yogi auf dem Berg Kailash in viertausend Metern Höhe. Zwischen Eis und Schnee suchte er den Weg, den Göttern gleich zu werden. Wegen seiner phänomenalen Fähigkeiten fürchteten ihn sogar die Götter *Brahma* und *Vishnu*. Durch List und Tücke wollten sie ihm seine magischen Fähigkeiten nehmen. Shiva hieß er, und seine Schönheit und Kraft glich einer aufgehenden Sonne. Große Herrscher, Magier und Yogis waren ihm ergeben und suchten seinen Rat und seine Nähe. Seine Geliebte und spirituelle Gefährtin hieß Sati. Sie war die Tochter eines mächtigen und kriegerischen Arierkönigs aus dem Staate Punjab in Indien. Er hieß Daksha, und er haßte Shiva, weil die Götter ihm im Traum zuflüsterten, daß seine Tochter durch Shiva in Gefahr sei. Ihre Seele würde sie an die dämonische Schlangenwelt der Nagas verlieren, bliebe sie bei Shiva. Macht und Magie hätte er durch diese giftige Brut bekommen und müßte als Tribut dafür ihnen die schönsten und ›reinsten‹ Frauen Indiens als Opfer geben. Shiva sei ein schwarzer Magier und Hexer, der nur Böses für seine Tochter wolle. Verzweifelt versuchte der Vater Satis mit allen erdenklichen Mitteln, seine Tochter aus dem Banne des großen Magiers Shiva zu befreien. Schließlich bat er *Nandi*, den gewaltigen Stier, und die Königskobra um Hilfe.

In einem infernalischen Kampf unterlagen sie Shiva. Als Reittier unterwarf sich ihm Nandi, als Symbol der Macht. Kosmisches Wissen verlieh ihm die Königskobra und umschlang seinen Hals und Nacken. Das Tor zur Unterwelt wurde ihm dadurch geöffnet, und Yamantaka, der Todbringende, neigte sich vor Shiva in Demut. Als Erinnerung daran ist Yamantaka, der Herr des Todes, der Freund aller Yogis.

Unsterblichkeit sagt man bestimmten Yogis, den Shivaisten, nach. Erzürnt man diese Yogis oder tut ihnen Böses an, so können sie einem Unheil und sogar Tod bringen. Der Vater Satis wußte nun nicht mehr ein noch aus. Er tötete seine Tochter und ließ ihren Körper in alle vier Winde streuen. Durch diese verzweifelte Tat glaubte er, wenigstens die Seele seiner Tochter von den *Nagas* zu retten. Die Götter versteckten die Seele Satis vor Yamantaka, dem Herrn des Todes. So konnte Shiva, der sie sehr liebte und verehrte, nichts tun, um sie zum Leben zu erwecken. Die Götter glaubten, Shiva nun dadurch in die Knie gezwungen zu haben. Shiva war aber von einer grenzenlosen Sehnsucht nach Sati erfüllt und entwickelte eine übermenschliche Zielstrebigkeit und Ausdauer, um die Götter umzustimmen. Dadurch erhoffte er, seine über alles geliebte Sati wieder für sich zu gewinnen. Zwischen hell lodernden Flammensäulen starrte er tagsüber in die Glut der Sonne und nahm dadurch ihre enorme Lebensglut in sich auf. Die Nächte verbrachte er bis zum Hals verharrend in dem eiskalten Wasser des heiligen Flusses Ganga. Der Mond beseelte ihn mit geheimnisvoller Mystik und Magie. Die Sonne *Surya* und der Mond, die Göttin *Chandra,* Tag und Nacht, vereinten sich in ihm. Raum und Zeit, Materie und Geist wurden ihm untertan.

Shiva sprengte dadurch jegliche Norm und Vorstellung. Deshalb wird er auch Gott der transzendentalen Ekstase genannt. Die Götter Brahma und Vishnu waren von seiner übermenschlichen Askese angetan. Sie baten ihn um Entschuldigung und erhoben ihn zum obersten Gott. Sati, seine Geliebte, verkörperte sich als Parvati. Tochter des heiligen Himalayagebirges wurde sie genannt. Sie war geheimnisvoll wie der Vollmond, leidenschaftlich und sinnlich. Alle Vorzüge überragender Fraulichkeit strahlte sie aus. Als aufgehende Sonne umwirbt Shiva jeden Tag aufs neue den Mond, seine Geliebte Parvati. Als Erinnerung an die Zielstrebigkeit und Ausdauer Shivas gilt der Sonnengruß. In Indien nennt man den Gruß an die Sonne ›Surya Namaskar‹. Im Gruß an die Sonne verehren die Yogis seit Jahrtausenden die aufgehende Sonne, das Lebensspendende durch Licht und Wärme. Als eine der ältesten Yogaübungen war und ist es eine wichtige Übung der Maharani. Es besteht aus einer Folge von Positionen. Der Körper wird dadurch schön und kraftvoll wie ein hochkarätiger Diamant.

Zielstrebigkeit und Ausdauer gewinnt man dadurch und setzt jeden Wunsch in die Tat um. Zwei Söhne hatte Shiva, Ganesha und Karttikeya oder Skanda. Sie sind die Götter für Reichtum, materielle Macht und Kampfeskraft. Diese Götter verhelfen einem zur Erfüllung jeglichen Wunsches, wenn man durch den Gruß an die Sonne Zielstrebigkeit und Ausdauer entwickelt. Mein namenloser Meister erklärte mir nun die Übung des Grußes an die Sonne. (Abb. 1–12, S. 39 und 41)

Der Körper birgt in seinen verborgenen Tiefen ein ungeahntes Potential an außerordentlicher Energie. Öffne durch Hingabe das Schloß zu deiner inneren Sonne, und strahlendes Glück wird es dir bringen. Der Atem ist der Wind, der deinen Körper im Tanz zur Sonne bewegt. Streckst du dich im Sonnengruß, so atmest du ein. Faltest und dehnst du dich, so atmest du aus, denn deine inneren Organe werden dabei gepreßt und dadurch massiert. Begrüße die Sonne in aufrechter Haltung und ganzer Hingabe am frühen Morgen, wenn sie sich der Erde zuneigt.

Ein wenig durch das lange Zuhören müde geworden, erfrischte mich mein Meister durch folgende Entspannungsübung. Es versetzte mich dabei in jene vergangene Zeit, als das Maharani-Liebespaar Parvati und Shiva noch lebte.

Mein namenloser Meister sprach zu mir:

»Lege dich auf den Rücken, Arme liegen mit den Handflächen nach oben seitlich neben dem Körper. Spüre den Kontakt über die Unterseite deines Körpers zum Boden. Entspanne in der ruhigen Ausatmung die Kreuz- und Lendenwirbel und lasse dich tief in den Boden fallen. Entspanne nun die Brustwirbel und spüre, wie sich der Brustkorb dabei entspannt. Dein Herz schlägt ruhig und leicht. Entspanne die Nackenwirbel und stelle dir vor, wie die ganze Wirbelsäule wie eine Schnur am Boden aufliegt. Die Stirn ist angenehm kühl und entspannt. Der Atem und die Gedanken kommen und gehen wie die Wellen des Meeres. Lasse dich tief fallen – entspanne dich.«

Stelle dir die imposanten eis- und schneebedeckten Berge des Himalayaparadieses vor. Ewigkeit, absolute Stille und Ruhe durchströmen dich bei dieser Vorstellung. Du gleitest durch die Jahrtausende zurück zu jener mystischen Liebe zwischen Parvati und Shiva. Du siehst sie beide, versunken in philosophische Gespräche und zärtliche Liebesspiele. Als Tochter des Zentrums der Welt, des Himalayagebirges, strahlte Parvati alle Vorzüge der Weiblichkeit aus.

Ihr Aussehen wurde in unzähligen Versen idealisiert, verehrt und wie folgt beschrieben: Ihr Haar war so strahlend schön und lang wie die sich ausbreitende Morgenröte. Ihre Augenbrauen waren beweglich wie der Eisvogel und gewölbt wie der Neumond. Ihre mandelförmigen Augen waren klar und kühl. Die beerenfarbenen Lippen schienen so einladend zu sein. Ihre Nase war edel und die Wangen vollkommen modelliert. Ihr Gesicht hatte die Rundung einer Silberschale. Was ihren Körper betrifft, so war er leicht wie eine Blume.

Ihre Finger und ihre Taille waren schlank und geschmeidig wie die Weide. Ihr weißer Leib war sowohl nachgiebig als auch wohlgerundet. Ihre Brüste waren weich und üppig.

Sie war so schön wie der Vollmond. Die Mondgöttin *Chandra* umhüllte ihre aufrechte Gestalt mit einem blassen Licht, das der Morgenröte vorausgeht. Sie war voller Leidenschaft und Sinnlichkeit und personifizierte den Überfluß an transzendentaler Verwirklichung. Als kraftgebende Energie Shakti beseelte sie Shiva in jedem Moment des innigen Beisammenseins. Als Initiatorin und Himmelsbotin klärte sie Shiva über die Geheimnisse des Yoga und der sieben Maharani auf. Sie weihte ihn aber auch in die sexuellen Mysterien ein, wie es das Ananga Ranga wie folgt beschrieb: Hoch auf dem Gipfel des Berges Meru, im Zentrum dieses Universums, betrachteten Shiva, der oberste Yogi und Parvati, seine sinnliche Shakti, gemeinsam die Welt und ihre Bewohner. Parvati zieht Shiva an sich, schlägt den Blick nieder, lehnt ihren Körper verführerisch an ihn und streichelt ihren Geliebten. »O Herr der drei Welten, ich möchte dir den sinnlichsten Wunsch der Frau enthüllen, denn viele Männer wissen davon nichts. Eine der Hauptpflichten des Mannes ist es, sich so weit wie möglich zurückzuhalten und gleichzeitig die Freude seiner Partnerin zu steigern und zu beschleunigen. Das Begehren der Frau ist kühler und langsamer zu wecken als dasjenige des Mannes. Mit einem einzigen Liebesakt ist eine Frau nicht leicht zu befriedigen. Ihre langsamer ansteigende Erregung erfordert längere Umarmung, und falls ihr dies nicht gewährt wird, fühlt sie sich oft gereizt. Beim zweiten Liebesakt werden die Leidenschaften der Frau gründlich aufgepeitscht, und sie hat dann einen sich ausbreitenden Orgasmus. Dann kann von ihr gesagt werden, daß sie zufriedengestellt ist. Dieser Zustand der Dinge ist umgekehrt im Falle eines Mannes, der brennend vor Liebeshitze an den ersten Akt herangeht und sich während des zweiten Aktes abkühlt, so daß er sich oft für einen dritten Akt zu schlaff fühlt und deshalb nur geringe Neigung dazu verspürt.«

Shiva antwortete darauf mit folgenden Worten: »Parvati, du Geliebte meines Lebens – du verstehst die unendliche Reichweite des Mysteriums der Liebe und der Sexualität. Für eine Frau ist das Liebeserlebnis voller Ebenen, Farben und subtilen Nuancen, wie es Sterne am Himmel gibt. Frauen sind von Natur aus befähigt, neue Höhen der Ekstase zu erreichen und zu erforschen. Du als meine Himmelsbotin kannst mich das Geheimnis der Liebe lehren und mich dadurch in den Bereich der Götter versetzen.«

Durch die *Sieben Maharanis* kann jede Frau zur Himmelsbotin, Shakti, werden. Sie erhebt sich dazu, wenn sie durch ihre transzendentale Begabung ihren Mann über jegliche Erwartungen und irdischen Beschränkungen bringt. Die Frau vereint, wie Parvati, die dunklen Mondnächte mit dem strahlenden Vollmond in sich. Befreit sich die Frau von Heuchelei, Selbstzweifel, Selbstsucht und Neid, taucht in ihr die intuitive Weisheit des Schwarzmondes auf. In diesen dunklen Mondnächten erwacht in ihr die ungehemmte verzehrende Liebe. Als lustvolle Geliebte voller Unergründlichkeit und mystischer Ausstrahlung verzaubert sie die Herzen der Männer. Sie ist dann die Zerstörerin von Illusionen, aber die Erfüllung von jeglichem Verlangen. Im glänzenden Licht des Vollmondes erwacht in der Frau das göttliche Ideal der hingebungsvollen Partnerin und Mutter. Als egolose Gefährtin schenkt sie ihrem Partner Geborgenheit, Schutz und Halt. Die dunklen Mondnächte und der helle Vollmond sind nur Seiten eines einzigen Wesens der Frau. Die Frau hat einen direkteren Zugang zu den Gefühlen und Emotionen als der Mann. Die Emotionen sind Gefühle von Ekstase, wie Liebe, aber auch Haß. Sie erheben sich wie Gespenster aus einer anderen Welt. Der Geist ist ein wahrhafter Garten der Emotionen. Er produziert süße, aber auch bittere Früchte. Da die Frau, eher als der Mann, Gefühle und Hingabe zuläßt, kann sie mit ihren Emotionen und daher auch mit ihrem Geist besser umgehen.

Ein Halm im Wind hält dem Sturm mehr stand als ein fester Eisenpfahl. Der Halm gibt nach, der Pfahl zerbricht.

Mit den folgenden Worten beendete mein namenloser Meister die Liebesgeschichte zwischen Parvati und Shiva: »Durch die Jahrtausende bis heute erinnern zwei zu Shivas und Parvatis Höhle immer wiederkehrende weiße Tauben an die Liebe des Göttlichen Paares.«

Die 2. Maharani
Der Gruß an die Sonne

Während den Positionen tief und gedehnt atmen.

1. Aufrecht stehen – Hände vor dem Nabel (Abb. 12, S. 41) – Knie beugen – Arme seitlich nach oben heben und strecken – Handflächen zueinander. Spüren, wie das Herz sich öffnet und gleich einer Sonne erstrahlt.

2. Knie durchstrecken – Arme gestreckt nach rückwärts dehnen.

3. Vom Becken nach vorne dehnen – Hände vor der Brust gefaltet.

4. Knöchel fassen – Oberkörper zum Oberschenkel dehnen – Stirn zu den Knien.

5. Nach vorne blicken – Hände und Fußsohlen auf dem Boden.

6. Sprung nach rückwärts – wenn möglich berührt Brustkorb nicht den Boden – Blick nach vorne.

7. Fußrist am Boden – Oberkörper aufrichten – Ellenbogen zum Körper (Schlange).

8. Mit dem Oberkörper zum Boden (Abb. 6) – hochdrücken und zusammenfalten in die V-Position – Schulter zurückdehnen, Blick zum Nabel – Fersen zum Boden dehnen (5mal tief durchatmen).

①

②

③

④

⑤

⑥

9. Knie beugen – Blick nach vorne.

10. Sprung nach vorne.

11. Arme seitlich nach oben strecken – Handflächen zueinander – aufrichten – Knie ein wenig gebeugt.

12. Arme seitlich senken – Hände vor dem Nabel. Die innere Sonne nach außen strahlen lassen und dabei tief durchatmen.

Den Gruß an die Sonne 5–6mal wiederholen.

Wirkung: Durch den Gruß an die Sonne wird der Körper schön und kraftvoll wie ein hochkarätiger Diamant. Zielstrebigkeit und Ausdauer gewinnt man dadurch und setzt jeden Wunsch in die Tat um.

⑦ 

 ⑧

⑨ 

 ⑩

⑪ 

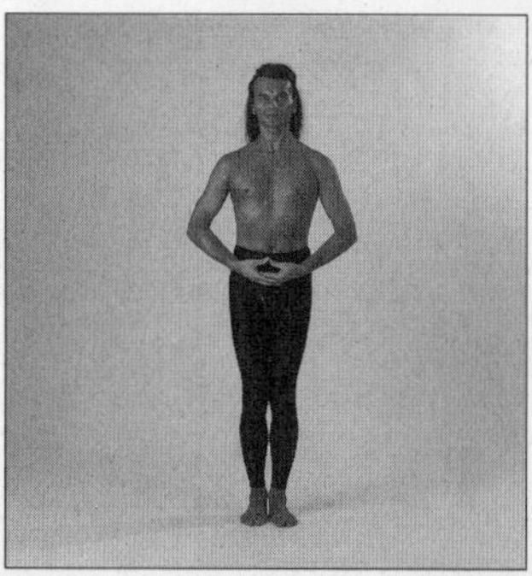 ⑫

3. Unterweisung Mittwoch

Laakini, die Göttin für langes Leben, Jugend und Furchtlosigkeit

Heilung und Verjüngung

Diese Unterweisung gilt dem dritten Energiezentrum, welches in der Wirbelsäule in Höhe des Nabels liegt. Es wird dem Element Feuer zugeordnet und wird auch *Solarplexus* genannt. Es ist unser inneres Kraftwerk, der Ort unserer Lebensbatterie. Ist unsere Lebensbatterie ohne Energie, so werden wir krank und altern rasch. Regt man die Natur des Feuers im Solarplexus an, so gewinnt man langes Leben und bleibt jung. Man führt seine Pläne wie mit einem Donnerkeil durch und ist dabei furchtlos.

Dazu verhilft die Göttin *Laakini*.

Erwacht in einem die Göttin Laakini, so geht man mit hocherhobenem Haupt und stolzem Schritt durchs Leben.

In den ersten beiden Unterweisungen des Maharani lernte ich, die Kunst der Kraftaufladung und die Verwirklichung von Wünschen und Vorstellungen durch Zielstrebigkeit und Ausdauer. Es wurde mir auch klar, welche besondere Bedeutung die Frauen im Maharani haben. Als Land der Göttinnen der Maharanis gilt das mystische Land *Orgyen*. Für Frau und Mann stimmt aber das gleiche; Kraft und Macht heben die Persönlichkeit hervor. Man strahlt innere Festigkeit und Überzeugungskraft für seine Mitmenschen aus. Sie fühlen sich dadurch angesprochen und fragen einen nach Rat und Hilfe für ihre Probleme und Sorgen.

Damit begann mein namenloser Meister mit der dritten Unterweisung der Sieben Maharanis.

Befreiung von Leid durch Heilung und Verjüngung.

Mein namenloser Meister sprach zu mir:

»Es geschah im 6. Jahrhundert vor Christi Geburt.

Die ganze Welt, wie im Osten, so auch im Westen, war in Aufbruchstimmung. Religionsgründer, große Weise und Erleuchtete lebten und wirkten in diesem Jahrhundert; Heraklit in Griechenland im Westen, die Krishnabewegung und Buddha im Osten.

Es schien, als würde eine göttliche Fügung zu mehr Menschlichkeit dahinterstehen. Berühmte Schriften wie die Bhagavad Gita waren die Wegbereiter zu einer sozialen und menschlichen Gesellschaft. Das Streben der Yogis galt nicht mehr nur der Suche nach übersinnlichen Fähigkeiten und Erleuchtung, sondern auch nach den Tugenden von Liebe und Mitgefühl zu allen Lebewesen. Die Krishnabewegung erlebte ihre spirituelle Hochblüte, erbaute wundervolle Tempel und verehrte ihren Gott Krishna in jedem Menschen. Durch spirituellen Gesang und Tanz versuchten sie ihrem Gott zu gefallen und halfen jedem, ganz gleich welcher Kaste er entstammte. Krishna verehrte und liebte die Frauen und stand ihnen deshalb sehr nahe. Um Gott Krishna zu gefallen, verkleideten sich die Mönche als Frauen zum großen Krishnafest. Voll Anmut und Schönheit zogen sie durch die Straßen der Städte Indiens, begleitet von Musik und heiligen Gebeten. Dadurch hofften sie, die Aufmerksamkeit ihres Gottes auf sich, als Männer, zu lenken.

In dieser Aufbruchsstimmung wirkte Buddha aus dem berühmten Geschlecht der Shakya. Als Königssohn lebte er wohlbehütet und abgeschirmt von dem Leid der Menschen im elterlichen Palast des heutigen Südnepals. Als er älter wurde, ergriff ihn die Neugier, mehr über sein Volk zu erfahren. Verkleidet verließ er heimlich den Palast und mischte sich unter das Volk.

Er sah das Elend, die Krankheit und Armut der Menschen. Ihm wurde bewußt, daß niemand davor gefeit war. Er verließ den königlichen Palast und wurde ein Yogi. Durch Askese und strenge Selbstdisziplin gewann er übersinnliche Fähigkeiten und magische

Kräfte. Dazu entwickelte er mehr Achtsamkeit und Mitgefühl für alle Lebewesen, befreite sich von allem Leid und fand zur vollkommenen Erleuchtung. Seine Botschaft als Religion des Erwachten breitete sich über ganz Asien als Buddhismus aus. Als Lehrer der Heilmittel, als erster Medizin-Buddha, galt der nordindische Arzt namens Jivaka Kumar Bhaccha. Er war ein Freund Buddhas und Arzt seiner buddhistischen Mönchsgemeinde. Als Arzt des Ayurveda beschäftigte er sich mit dem Wissen vom langen Leben. Im Ayurveda geht es um die Wiederherstellung des Gleichgewichts der Kräfte im Organismus. Dieses Gleichgewicht fördert das Ayurveda durch eine auf den Kranken abgestimmte Ernährung, magische Heilrezitationen, Pflanzen und Mineralienheilkunde. Das Ayurveda ist göttlichen Ursprungs und wurde von Gott Indra gelehrt. Schon in den alten Veden (1500 v. Chr.) wird es erwähnt. Dieser Arzt Buddhas entwickelte daraus die Maharani-Medizin, eine Kombination aus dem Yoga der Maharani, Ayurveda und magischer Alchemie. Magadha war das Ursprungsland des Buddhismus. Als der Magadha-König Bimbisare schwer krank wurde, schickte er nach dem Medizin-Buddha. Dieser verordnete zur inneren Reinigung ein striktes Fasten. Da der König zu schwach war, um Nahrung aufnehmen zu können, verabreichte der Arzt ihm die Medizin mittels eines Klistiers. Dazu mischte er bestimmte Heilkräuter mit Milch. Die Medizin gelangte rasch in den Blutkreislauf und förderte den Heilungsprozeß. Als der König wieder zu Kräften kam, verschrieb ihm der Arzt eine auf seine Krankheit individuell abgestimmte Nahrung. Eine spezielle Massage aus dem Yoga der Maharani öffnete bestimmte Energiekanäle und unterstützte die Heilung des Königs.«

Dieser erste Medizin-Buddha verordnete dem König eine bestimmte Yogamassage aus dem Maharani. Sie hat große Wirkung auf den Gesamtorganismus und stabilisiert die Gesundheit. Dies geschieht über eine spezielle Atmung und bestimmte Liegepositionen. Diese Übungen produzieren über die Drüsen eine vermehrte Hormonausschüttung und wirken auf die inneren Organe, die Muskeln, die Haut und das Gewebe ein.

Mein namenloser Meister erklärte mir dazu folgendes: Das Yoga der Maharani geht davon aus, daß Prana als Lebensenergie sowohl beim Atmen als auch mit der Nahrung aufgenommen wird. Über ein Netz von Energiekanälen, den Nadis, wird der Mensch mit diesen vitalen Energien versorgt. Diese Energiekanäle oder Linien sind unsichtbar und nicht anatomisch nachprüfbar. Sie bilden eine Art unsichtbare zweite Haut, zusätzlich zum physischen Körper. Dieser Energiekörper besteht aus 72000 Energielinien, in denen die Lebensenergie fließt. Die Yogamassage hebt zehn Energielinien hervor, auf denen die wichtigsten Heilpunkte (Akupressurpunkte) liegen. Massiert man diese, so kann man Schmerzen lindern und Krankheiten heilen. Die drei wichtigsten Kanäle liegen in der Wirbelsäule. Wo sie sich überkreuzen, bilden sich Energiezentren oder Energieverteiler (Chakren). Durch die Yogamassage werden die Blockaden in den Energiekanälen aufgelöst. Der dadurch freigelegte Pranafluß aktiviert die Energiezentren und trägt damit zum Wohlbefinden bei.

Mein namenloser Meister nannte mir dazu einige spezielle Massageübungen aus dem Maharani. Dazu sagte er mir folgendes: Atem ist Leben. Dies wird einem erst bewußt, wenn, symbolisch betrachtet, einem die Luft ausgeht. Man fühlt sich dann krank und ausgelaugt. Um gesund zu bleiben, entwickelten die Yogis der Maharani vor Jahrtausenden eine wirkungsvolle Heilatmung, das *Pranayama*. Als erste Übung des Pranayamas lernt man die *Dreiphasenatmung*. Viele Menschen atmen zu hastig und zu rasch. Die eingeatmete Luft besteht zu einem Fünftel aus Sauerstoff und zu vier Fünfteln aus Stickstoff. Stickstoff verdünnt den Sauerstoff, so daß er über den Blutkreislauf zu jeder Zelle gebracht werden kann. Atmet man hastig, so kann der Stickstoff sich nicht mit dem verbliebenen Sauerstoff im Blut verbinden und ausgeatmet werden. Die Körper- und Gehirnzellen sind Atmungszellen. Sie stoßen den Stickstoff ab, er verbleibt im Organismus und vergiftet ihn. Vor Jahrmillionen bestand die Atmosphäre aus Stickstoff, und die damaligen Lebewesen atmeten und lebten davon. Der Mensch stammt aus dieser Evolution. Durch die falsche Atmung stellen sich die Zellen im Menschen auf den Urzustand um, und der Organismus kommt durcheinander. Die Zellen sterben ab und erneuern sich nicht mehr zur Gänze. Krankheit, Alter und Tod sind die Folge davon.

Über die Dreiphasenatmung nimmt man in 24 Stunden statt 13000 Liter Luft das Sechs- bis Achtfache an Luftvolumen auf. Das sind immerhin 100000 Liter an Luft. 20 Millionen Blutkörperchen verteilen die Lebensenergie über das Blut in den Gesamtorganismus. Das Gehirn verbraucht dabei den meisten Sauerstoff. Durch die Dreiphasenatmung kräftigen sich die Lunge und das Bronchialsystem. Der Gesamtorganismus reinigt sich über die gedehnte Ausatmung von Stickstoff. Durch die vermehrte Energieaufnahme in der Einatmung und Sauerstoffaufnahme bleibt der Organismus des Menschen jung und gesund bis ins hohe Alter.

Die Dreiphasenatmung besteht aus der *Bauch-*, *Flanken-* und *Brustkorbatmung*. Man dehnt dabei die Atmung. Sie besteht aus dem Einatmen – Anhalten – Ausatmen und wieder Anhalten.

Man beginnt mit der Bauchatmung, lernt dabei das Zwerchfell in die Atmung mit einzubeziehen. Es wirkt wie ein Kolben und massiert während der Atmung die unteren Bauchorgane und das Herz. Im gleichen Atemzug fährt man mit der Flanken- und Brustkorbatmung fort.

Diese Dreiphasenatmung unter Anleitung meines Meisters bereitete mir anfangs Schwierigkeiten, da ich zu kurz und zu rasch atmete. Ich begann daher, zuerst den Atem in die Länge zu dehnen und die daraus gewonnene Kraft wie eine lebensspendende Nahrung in mich aufzunehmen. Erst als ich diese Kunst beherrschte, lernte ich die Dreiphasenatmung. (Abb. S. 51) Dazu setzte ich mich im einfachen Sitz bzw. in der Lotusposition auf eine Decke. Ich achtete auf eine gestreckte aufrechte Wirbelsäule, zog das Kinn ein wenig an und legte die Hände auf die Knie.

Zuerst lernte ich in den Bauch zu den Leisten zu atmen. Danach fuhr ich mit der Flankenatmung fort. Legt man die Hände auf die seitlichen Rippen, so spürt man, wie diese sich in der Flankenatmung seitlich dehnen. In der dritten Phase beschäftigte ich mich mit der Brustkorbatmung. Ich lernte, tief in den Brustkorb zu atmen, wobei dieser sich wie ein Ballon nach vorne wölbte und sich beide Schultern ein wenig rückwärts dehnten. Als mir mein Meister erklärte, daß ich nun alle drei Phasen in einem Atemzug üben müßte, wurde mir klar, warum ich zuerst lernte, den Atem in die Länge zu dehnen. Dadurch konnte ich in einem fließenden Übergang ein wenig in den Bauch zu den Leisten, ein wenig mehr in die Flanken und viel in den Brustkorb atmen. Danach senkte ich das Kinn und hielt den Atem für eine Weile an. In diesen Augenblicken des Atemanhaltens spürte ich, wie jede Körper- und Gehirnzelle sich mit der Atemenergie auflud. Im ruhigen Ausatmen durchströmte mich eine ungeheure Welle von Energie, spürbar bis in die Fingerspitzen. Ich glaubte nun den Worten meines Meisters, der meinte, daß man damit Todkranke zu neuem Leben erwecken

Dreiphasenatmung

Bauchatmung

Flankenatmung

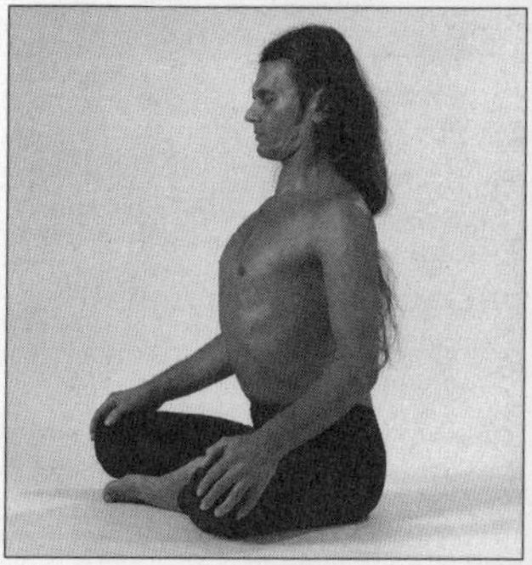

Brustkorbatmung

könne und alte Menschen wieder jung werden. Zur Entspannung nach dem Üben der Dreiphasenatmung lernte ich die *Bauchmassage*. Ich massierte von oben nach unten, oder kreisförmig, mit stärkerem Druck die Leistengegend und den Bauch. Dabei spürte ich, wie sich Darm, Blase und der Genitalbereich entspannten und mir ganz warm vom Fluß der Energie wurde.

Mir wurde klar, daß der wohltuende heilende Effekt aus dem Yoga der Maharani durch die Auseinandersetzung mit den Übungen gewonnen wird.

Dies traf auch für den kranken Magadhakönig, Bimbisare, zu.

Er genas durch die speziellen Übungen der Yogamassage (Abb. S. 55) und fühlte sich so wohl wie noch nie in seinem Leben. Sein Körper kräftigte sich, seine Haut wurde straffer — sein ganzes Wesen war voller Heiterkeit und Ausgelassenheit. Es schien ihm, als ob er sich durch die Übung der Selbstmassage um Jahre verjüngte. Seine Frau, der Hofstaat und das ganze Volk waren von seiner positiven Veränderung überrascht. Dies äußerte sich auch durch ungewohnte Herzensgüte und Mitgefühl. Als Dank für seine Heilung ließ der König unzählige Tempel als Krankenhäuser für alle Kranken errichten. Hier pflegte man kranke Menschen nach der Methode der *Siddha-Medizin* und lehrte die Yogamassage der Maharani. Im dritten Jahrhundert vor Christi verbreitete sich das Wissen der Medizin Buddhas über den asiatischen Raum bis nach Thailand. Auf *Kunar Bhaccha,* den indischen Arzt und ersten Medizin-Buddha, werden die heute in Thailand angewandten Massage-Techniken sowie Kräuter- und Mineralienheilkunde zurückgeführt. So gehören Ayurveda und die Kräuterheilkunde neben medizinischen Dampfbädern und Massage zum Angebot des Hospitals in Chiang Mai im Norden Thailands. Bei muskulären Verspannungen verwendet man dort das ayurvedische Malanarayan-Öl oder das Kokosöl, das man in heißen Tüchern auflegt. Man kann dafür aber auch Kamille, Brennessel oder Ingwer nehmen. Bei Kopfschmerzen und Erkältungskrankheiten reibt man die verspannten und ermüdeten Muskeln mit Tigerbalsam ein.

Zum Gedenken an den ersten Medizin-Buddha werden heute noch *Pujas,* Andachten, abgehalten, und er gilt als »Vater der Medizin« in Thailand.

Die 3. Maharani

Für eine Minute in den Heilpositionen verharren – ruhig durch die Nase atmen und sich entspannen.

1. Wie ein Halm im Wind

Im einfachen Sitz – Finger ineinander – ausatmen und nach oben strecken, nach links und rechts dehnen.

2. Lenden- und Brustkorbmassage

Auf dem Rücken liegen – Beine anziehen und das Becken kreisen – Kreuz- und Lendenwirbel massieren. Danach Beine nach oben strecken – Oberkörper kreisen und die Brustwirbel massieren.

3. Pflug (Nackenmassage)

Beine nach rückwärts parallel zum Boden strecken – Oberkörper kreisen und Nacken massieren. Danach ruhig atmen und in der Position verharren.

1. Wie ein Halm im Wind, 2. Lenden- und Brustkorbmassage,
3. Pflug (Nackenmassage), 4. Wirbelsäulenmassage, 5. Zange
6. Kreislaufanregung

①

②

③

④

⑤

⑥

4. Wirbelsäulenmassage durch seitliche Beckendrehung

Auf dem Rücken liegen – rechten Fuß über linkes Knie stellen – zur rechten Seite blicken und mit dem abgewinkelten rechten Knie und Becken vorsichtig nach links zu Boden wippen. Berührt das Knie den Boden – Becken, Rücken, Wirbelsäule und Schultern entspannen. Seitenwechsel.

5. Zange (Innere Bauchorganmassage)

Aufrecht sitzen – Beine nach vorn, Arme nach oben, strecken und vom Becken nach vorne dehnen, Knöchel fassen – Oberkörper Richtung Beine dehnen – Blick nach vorne. Rücken, Wirbelsäule, Schultern und Nacken entspannen.

6. Kreislaufanregung

Mit beiden Händen fest den Brustkorb abklopfen – Hände fest aneinanderreiben und beide Nieren in der Rückengegend fest massieren. Den Nacken und das Gesicht ausstreichen sowie die Kopfhaut mit den Fingerkuppen massieren. Dadurch verjüngt sich die Ausstrahlung, und strahlender Glanz umgibt das Gesicht.

Wirkung: Vermehrte Hormonausschüttung, Beruhigung des Nervensystems, Stärkung der Rücken-, Nacken-, Bauch- und Gesäßmuskulatur. Heilende Wirkung auf die Bauchorgane (Magenschleimhautentzündung), Anregung des Darms, Regulierung der Verdauung, Durchblutung des Gehirns und Verbesserung der Lymphzirkulation. Insgesamt belebt es den Gesamtorganismus und wirkt gegen Müdigkeit und Schwächegefühle.

4. Unterweisung Donnerstag

Kaakini, die Göttin
für inneren Frieden und Gelassenheit

Schönheit und Anmut

Der Donnerstag ist der Göttin *Kaakini* zugeordnet. Als viertes Energiezentrum entspricht es dem Element Luft. Es liegt in der Wirbelsäule in der Höhe des Herzens und breitet sich als Energiestrom, in Form eines sechseckigen Sterns, in alle Richtungen und Dimensionen aus.

Die Göttin Kaakini hilft einem, im Herzchakra zu ruhen und dadurch inneren Frieden und Gelassenheit auszustrahlen. Der Herzschlag wird reguliert, die Atmung gekräftigt. Schöpferische Qualitäten werden geweckt. Über die spirituelle Hingabe wird man Meister der Sprache, der Poesie, des Tanzes, und visionäre Fähigkeiten erwachen in einem. Schönheit und Anmut durchdringen das ganze Sein des Menschen.

Erwacht in einem die Göttin Kaakini, so befreit man sich von allen Hindernissen, um dadurch zu sich selbst zu finden.

Mein namenloser Meister sprach zu mir: »Im Menschen ruht etwas Ewiges und Unveränderliches. Dieses hat seine Wohnstätte im Herzen und wird als Selbst bezeichnet. Durch Hingabe entflammt es in einem und verzaubert das ganze Wesen zu Schönheit und Anmut. In der Liebe zum Mitmenschen, der Natur und zu Gott kommt es am schönsten zum Ausdruck. Es inspiriert den Menschen zum Einssein mit allem.«

Wie man den inneren Schatz durch Hingabe in sich entdeckt, erzähle ich in der folgenden Geschichte: »Es geschah um die Jahrtausendwende, als die Hindu-Hochkultur sich nach Südindien verlagerte. Die geistige Elite, als Hüter der Traditionskultur, floh vor der persischen Invasion und der Herrschaft der moslemischen Moguln in den Süden Indiens. So schützten sie die Tempelanlagen in

Behur, im heutigen Kamataka, durch eine grandiose Idee vor der Zerstörung. Sie deckten die gesamte Anlage kurzerhand mit Sand zu. Zweihundert Jahre später, als sie die mohammedanischen Invasoren in blutigen Auseinandersetzungen zurückdrängten, legten sie ihre Tempelanlagen wieder frei. Bekannt durch die wunderschönen Skulpturen von Tempeltänzerinnen und herrlichen Kunstschätzen, entwickelte sich die Tempelanlage von Belur zum Zentrum für Kunst, Kultur und besonders für den Tanz in Indien. Diese und andere Tempelstädte wurden zu grandiosen geistigen Hochburgen und Ausbildungsstätten. Bedeutende Mediziner, Mathematiker, Philosophen, Literaten, Künstler, Weise der Yogakunst und besonders die Musiker und Tänzer gaben dort ihr Wissen weiter. Man könnte sie mit unseren heutigen Universitäten und Akademien vergleichen. Aber auch Handwerker stellten ihre Produkte zur Schau. An manchen Tagen herrschte in den Bezirken der Tempelstädte ein reges Leben, fast wie in einem Basar. Trommelmusik, wilde Tänze, Streitgespräche zwischen Philosophen, Kindergeschrei, Frauen in herrlichste Saris gekleidet, sinnlich geschminkt mit schönem Schmuck, sah man dort. Vorhallen, Höfe und Rundgänge verbanden die einzelnen Tempelbezirke zu einer Tempelstadt.

Exotische Blumen und uralte ausladende Bäume schmückten die großangelegten Gartenanlagen. Springbrunnen luden zum Verweilen ein. Unberührt vom regen Treiben blieb das Zentrum der Tempelstadt. Ruhe und Stille breiteten sich in diesen sakralen Tempelhallen aus, die reich geschmückt mit Darstellungen von Göttern und Devadasis, den Götterdienerinnen, waren. Jeder Tempel besaß einen Hauptgott und Nebengötter. Das Zentrum, ein goldener Schrein, bildete den Wohnsitz des kosmischen Geistes. Angegliedert sind die goldenen Hallen, in denen zu besonderen religiösen Anlässen sakrale Ritualtänze der Devadasis aufgeführt wurden. Herrliche Teiche, die für rituelle Waschungen angelegt waren, erweiterten das Zentrum. Über vierhundert Tänzerinnen tanzten im Heiligtum zu wichtigen religiösen Festen, *pujas*. Als schönste Frauen Indiens waren sie jung, schlank, mit runden vollen Brüsten und ausdrucksvollen Augen. Im Tanz der neun Himmelsrichtungen, der zur Einweihung des Tempels aufgeführt wurde, betrachtete man sie als Mittlerinnen zwischen Mensch und Gott. Geschmückt mit kostbarem Schmuck, weißen Jasminblüten in dem zu einem Zopf gebundenen hüftlangen Haar und durchsichtigen Seidensaris, betraten sie die Halle des heiligen Schreins im hallenden Rhythmus ihrer Fußschellen. Diese bestanden aus über hundert bronzenen Glöckchen an jedem Fußgelenk. Vor dem sakralen Tanz falteten die vierhundert Devadasis ihre Hände über den Scheitel und über die Stirn zur Begrüßung des Allerhöchsten – Shiva Nataraja –, der symbolhaft in einer überdimensionalen goldenen Statue anwesend war. Blumen wurden ihm gereicht, und dann begann der ekstatische sakrale Tanz unter Trommelwirbel, dem feinen Schwingen der Saiteninstrumente, Zimbeln, Tamburin und unzähligen Bambusflöten. Im hallenden Rhythmus der Fußschellen vibrierte der Klang des Werdens und Vergehens des Kosmos im Tanz durch die heiligen Hallen des Tempels. Ein Schlußgebet der Tempeltänzerinnen beendete den mystischen Tanz.

Die damaligen Könige demonstrierten ihre Liebe und Verehrung zu Gott, dem Absoluten, indem sie alle Wissenschaften und Künste, besonders aber den Tanz, förderten. Es war, als ob das vor Jahrtausenden versunkene sagenumwobene Land *Lemuria* (Atlantis) in seiner ganzen Pracht wieder auferstand. In dieser Zeit erlebte die Bhakti-Bewegung ihre Hochblüte. Die Sehnsucht nach dem geliebten Gott, die Lobpreisung seiner Schönheit und Macht, ergriff alle Gesellschaftsschichten Indiens und wurde zum zentralen Thema des Lebens. Die herrschende geistige Elite förderte die unteren Gesellschaftsschichten in geistigen sowie materiellen Belangen. Durch die Miteinbeziehung aller Gesellschaftsschichten in die Staatsangelegenheiten und die geistige Vervollkommnung gediehen die Staaten Südindiens zu einer noch nie dagewesenen Hochblüte. Die hinduistische Philosophie war damals der Ansicht, daß das Göttliche sich besonders im Leben und der Liebe zeigt und hier auf Erden in voller Intensität gelebt werden sollte. Deshalb wird die Liebe, Erotik und Sinnlichkeit so emotional im indischen Tanz ausgedrückt, denn sie ist etwas Göttliches und Einmaliges.«

Mein namenloser Meister hielt für einen Moment nachdenklich inne und fuhr dann mit der Geschichte fort: »In dieser wahrhaft geistigen Hochblüte lebte ein junges Mädchen in der Nähe dieses Tempels. Sie hieß Shantala und hatte nur den einen Wunsch, eine Devadasi (Tempeltänzerin) zu werden. Dies war nicht so leicht, da der Andrang groß war und nur die begabtesten Schülerinnen aufgenommen wurden.

Die Tanzlehrer waren hochangesehene Gelehrte, da sie versiert waren in Musik, Gesang, Literatur und Philosophie. Nach strengen Normen suchten sie angehende Tänzerinnen aus, denn der Tanz war ein rituelles Gebet zur Gottheit.

Das Mädchen Shantala wollte es aber ganz einfach versuchen und machte sich auf den Weg zum Tempel. Als sie den Tempelbezirk betrat, fielen ihr zuerst die wunderschönen Skulpturen von Tempeltänzerinnen auf. Sie zeigten voller Anmut atemberaubende Tanzpositionen, wobei sie von den anwesenden Göttern zu ihren Geliebten erkoren wurden. Shantala war davon so beeindruckt, daß sie in ihrem Wunsch bestärkt wurde, als Devadasi ausgebildet zu werden. Tänzerinnen sollten von den Tanzlehrern zu einem Abbild des Göttlichen erzogen werden, aber dazu bereits die Voraussetzungen mitbringen. Shantala hatte die Voraussetzung. Oft war sie bei den heiligen Festen, pujas, im Tempel, um die Devadasis tanzen zu sehen. Dabei beobachtete sie sehr genau und wiederholte die verschiedensten Ausdrucksgesten und Tanzbewegungen der Devadasis zu Hause. Dies kam ihr nun bei der Aufnahmeprüfung zugute. Sie bestach durch ihre ausdrucksvollen Augen und den emotionalen Tanzstil. Die Tanzlehrer hatten das Gefühl, in die Geschichte des Tanzes mit einbezogen zu werden. Man nahm sie in dem berühmten Nataraja-Tempel als Tanzadeptin auf. Ihre Ausbildung umfaßte nicht nur Tanz, sondern man unterrichtete sie in Literatur, Philosophie und Kunst. Indien liebte und verehrte damals die Tempeltänzerinnen, denn sie waren nicht nur bildhaft schön, sondern auch von außergewöhnlicher Klugheit und spiritueller Weisheit. Man sagte, daß sich in ihnen die unsterbliche himmlische Göttin *Apsaras* verkörperte. Die Tanzausbildung begann damit, daß durch die Übungen des Maharani die Fersen, Knie und Hüften gestärkt, die Oberschenkel und das Gesäß straffer wurden. Danach erlernte Shantala die Grundeinheiten des Tanzes: korrekte Haltung, Hand-, Gesichtsausdruck und Augengestik, Rhythmusgefühl, kraftvolle und dabei anmutige Bewegungen. Die halbe Hocke ist die Grundhaltung im indischen Tanz. Shantala übte diese Haltung so lange, wie es für sie möglich war, und stärkte dadurch ihre Disziplin, die Voraussetzung in der Ausbildung war.

Shantala besaß grenzenlose Hingabe und Willenskraft. Sie übte die Dynamik im Tanz, das Springen, sich zu drehen oder sich mit gestrecktem Fuß zu bewegen bis zur äußersten Perfektion. Erst dann erlernte sie den ältesten und bedeutendsten klassischen indischen Tanzstil, den *Bharata Natya*. Dieser Tanz war dem Gott *Nataraja*, dem König des Tanzes und Herrn der Weltenbühne, gewidmet, der das kosmische Spiel, *Lila*, im Tanz ausdrückt.

Shantala erlernte anfangs den Tanzstil langsam, dann mittel und schließlich im schnellen Tempo, um die komplizierte Augenmimik, den Gesichtsausdruck, die Kopfstellungen und die Handhaltungen perfekt darstellen zu können. Der Tanz wurde dadurch zu einer Erzählung voller Emotionen.

Dazu spielten Musiker auf ihren Instrumenten. Die Kreativität der indischen Musiker ist einzigartig; es ist so, als ob sie sich über ihre Instrumente miteinander unterhalten. Ein klassisches indisches Musikstück, *Raga*, dauert oft ohne Unterbrechung über eine Stunde, in der sich Tänzer und Musiker mehr und mehr in einen emotionalen Zustand der Ekstase, *Rasa*, hineinsteigern. Es gleicht der Erleuchtungsphase, *Samadhi*, in der Meditation.

Shantala genoß diesen Höhepunkt im Tanz. Ein Wohlgefühl von unvorstellbarer Intensität durchströmte sie in diesen Augenblikken, und ihr Antlitz erhellte sich in voller Glückseligkeit. Ihre außergewöhnliche Brillanz im Tanz sprach sich im Tempel herum und fiel einer berühmten Devadasi mit dem Namen Chinnamasta auf. Als bevorzugte und gefeierte *Swadis* tanzte sie nur für besondere Rituale und sakrale Tänze im Heiligtum des Tempels. Erkoren zur Göttergeliebten von Gott Nataraja und Priesterin des heiligen Schreins, war sie voller Schönheit und spiritueller Vollkommenheit. Deshalb hieß sie auch Chinnamasta, die Ego-lose-Yogini. In Indien sagt man, die Meisterin sucht ihre Schülerin. Chinnamasta fand in Shantala eine wahrhaft würdige Adeptin, die sie zu einer wahren Yogini und Maharani des Tempeltanzes ausbilden wollte. Chinnamasta ahnte, daß in Shantala unvorstellbare Energien verborgen waren, die nur wachgerufen werden mußten. Nur dadurch würde Shantala aus sich herauswachsen und zu einer wahren sakralen Tempeltänzerin heranreifen. Um diese Reserven an außerordentlicher Energie freizulegen, unterwies Chinnamasta ihre Schülerin in den geheimen Übungen des Maharani. Als große Meisterin wußte sie, daß Shantala dadurch die notwendige Körperbeherrschung, eine ausgeprägte Willens- und Konzentrationsfähigkeit sowie ihre ungewöhnliche Kreativität entwickeln würde.

Chinnamasta suchte dazu spezielle Übungen aus dem Maharani aus. Diese Stehpositionen wurden schon vor Jahrtausenden speziell entwickelt, um zur inneren Balance zu finden. Die einzelnen Positionen fließen dabei wie in einem Tanz ineinander. In den Körperstellungen verharrt man für einige Zeit ruhig atmend und spürt dabei die in einem sich ausbreitende Energie, *Prana*. In den folgenden Tagen übte Shantala unter Anleitung ihrer Meisterin diesen Körpertanz der Maharani (Abb. S. 69) und entdeckte dabei einen tiefen Kontakt zu ihrem Herzen. Es war als ob sie einen besonderen Freund traf, dem sie schon lange nicht mehr begegnet war. Ein freudiges Empfinden durchfuhr sie, und es wurde ihr ganz warm ums Herz. Chinnamasta erklärte ihr dazu, daß sie nun heimgefunden, sich selbst entdeckt habe.

Als Wohnstätte des unveränderlichen ewigen Selbst gilt im Maharani das Herz. Öffnet sich dieses Zentrum, *Chakra*, in einem, so erstrahlt man wie ein wunderschön geschliffener Diamant. Aus ihrem Herzen konnte Shantala nun ihre Gefühle und Visionen im Tanz in voller Reinheit und Klarheit ausdrücken. Der göttliche Funke war von Chinnamasta auf Shantala übergesprungen. Aus der Schülerin wurde eine Meisterin. Eine tiefe und innige Freundschaft erblühte daraus zwischen beiden. Als es Abend wurde und die Öllampen die bemalten Wände der heiligen Tempel beleuchteten, wandelten Chinamasta und Shantala Hand in Hand durch

die wundervollen Tempelgärten. Exotische Blumen und weit ausladende Bäume spiegelten sich in wundervollen Farben im klaren Wasser der angelegten Teiche wider. Eine tiefe Ruhe und Glückseligkeit umhüllte beide in ihrer innigen mystischen Verbundenheit als Priesterinnen. Aus manchen Tempelhallen drang wunderschöne Musik. In einer dieser Nächte, als sie zum sternenübersäten Himmel aufblickten, hatte Shantala eine Vision. Das Firmament wandelte sich zu einer kosmischen Gestalt. Eine überirdische Musik durchdrang das Universum. Gott Nataraja, der Herr der Weltenbühne, tanzte inmitten des kosmischen Feuers des Werdens und Vergehens. Ganze Galaxien lösten sich in seinem infernalischen Tanz auf und kamen wieder aus ihm hervor. Seine vier Arme durchdrangen den Kosmos, Anmut und Unbeschwertheit gingen von ihm aus. Auf der Stirn strahlte sein Drittes Auge, welches alle Erscheinungen durchdringt und jegliche Sinnesgrenzen aufhebt. Eine feine Vibration ging von seiner kosmischen Manifestation aus, die Shantala umhüllte und in der sie voller Seeligkeit aufging. Es war, als ob der langersehnte Geliebte sie in seine Arme schloß. Eine Stimme so fern und doch so nah, fast in ihr selbst, sprach: ›Deine Anmut und Schönheit sind ein Gefäß, das meine göttlichen Qualitäten ausgießt. Durch dich und deinen vollkommenen Tanz lebt es hier auf Erden und erzählt allen Menschen, die dabei gebannt zusehen, mein tiefstes Geheimnis –‹

ICH BIN DAS
DU BIST DAS
UND ALL DIES IST DAS

Ruhe und Seligkeit erfüllen dabei alle Wesen. Gott Nataraja lächelte Shantala liebevoll zu und löste sich wieder in unzähligen Sternen am Firmament auf. Von diesem Moment an gehörte Shantala mit Leib und Seele ihrem Gott als Tempeldienerin und

Geliebte. Als die Vision verschwand, erzählte sie sofort, vor Aufregung zitternd, Chinnamasta davon. Zärtlich umarmte Chinnamasta Shantala und sprach zu ihr: ›Initiiert durch Gott Nataraja, bist du nun eine wahre Göttergeliebte, *Devadasi*, geworden.‹ Sie fand Einlaß als sakrale Ritualtänzerin in den heiligen Schrein. Gemeinsam mit Chinnamasta schmückte sie sich und machte sich schön vor jedem Tanz, denn sie war mit der Gottheit des Tempels ›verheiratet‹. Von weither kamen die Menschen zum Tempel, denn der Wohlstand des Landes hing von den Riten und Aktivitäten der Tempeltänzerinnen Shantala und Chinnamasta ab. Die gesamte Weisheit des Lebens enthüllten sie in ihrem Tanz, so daß angelockt von ihrer Schönheit und Anmut, Maharadschas und Könige sich vor ihnen neigten und sie reich beschenkten.«

Mein namenloser Meister beendete seine Geschichte mit folgendem Satz: »Trat man damals in den Tempel ein, so fand man in der heiligen Halle des goldenen Schreins, neben der goldenen Statue Gott Nataraja, zwei wunderschöne Skulpturen. Sie stellten beide Devadasis, Chinnamasta und Shantala, als Göttinen im kosmischen Tanz dar.

Durch die Sieben Maharanis fanden sie zu dieser göttlichen Schönheit und Anmut.«

Die 4. Maharani

Stehe aufrecht, beide Arme neben dem Körper. Wölbe den Brustkorb ein wenig nach vorne und entspanne beide Schultern. Den Atem kommen und gehen lassen. Spüre, wie der Atem in den Brustkorb ein- und ausströmt, das Herz wie eine Blume erblüht. Hier ist dein inneres Kraftzentrum, die Wohnstätte deines Selbst. Aus diesem Zentrum, *Chakra*, verteilt sich die Lebensenergie im Körper und den Bewußtseinsebenen in alle Richtungen. Stelle dir nun vor, wie diese innere Energie die folgenden Stehübungen zu einem fließenden Tanz werden läßt.

Im Körpertanz ruhig durch die Nase ein- und ausatmen.

1. Baum

Rechte Fußsohle auf die Innenseite des linken Oberschenkels – Arme seitlich strecken – ruhig atmen – Position zum Halbmond einnehmen.

2. Halbmond

Großen Schritt zur Seite – Oberkörper zur rechten Seite wenden – vorderes Bein gebeugt – das hintere Bein durchgestreckt –

1. Baum, 2. Halbmond, 3. Kämpfer, 4. Statue, 5. Spirale, 6. Embryo

①

②

③

④

⑤

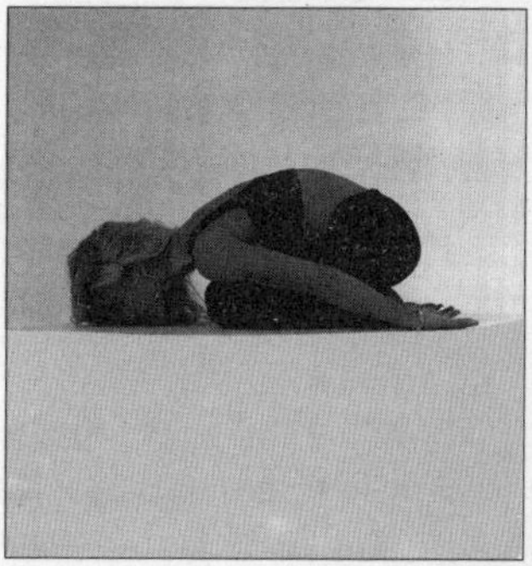
⑥

Arme nach oben gestreckt — Handflächen zueinander — nach hinten dehnen. Ruhig atmen — Position zum Kämpfer einnehmen.

3. Kämpfer

Linkes Knie am Boden — Rist am Boden. Linke Faust zum Nabel — rechter Arm nach vorn gestreckt — Hand zur Faust geballt. Tief zum Solarplexus atmen. Position zur Statue einnehmen.

4. Statue

Das hintere Bein beiziehen — große Zehen fassen — wenn möglich beide Knie durchstrecken. Blick nach vorne — ruhig atmen. Position zur Spirale einnehmen.

5. Spirale

Im Sitzen rechtes Bein gestreckt — linkes Bein angewinkelt — vom Becken seitlich nach vorne zum rechten Bein dehnen — rechten Ellenbogen auf rechtes Knie oder neben Knie zu Boden, Kopf auf Faust auflegen — andere Hand zum linken Knie — ruhig atmen.

6. Embryo

Fersensitz einnehmen — Stirn berührt den Boden — Arme seitlich neben dem Körper — Handflächen nach oben — entspannen — Kinn entspannen — Mund zart geöffnet — Lippen ganz weich —

Zunge, beide Wangen entspannt. Lider und Augäpfel entspannt. Atem kommen und gehen lassen. Sich einen wolkenlosen leeren Himmelsraum vorstellen und leicht und frei darin entschweben.

Wirkung: Stärkung und Straffung des ganzen Körpers, besonders der Oberschenkel und des Gesäßes (gegen Cellulitis). Das ganze Wesen strafft sich in der Poesie und Wandlung der Positionen. Man erreicht dadurch Dynamik, Schönheit und Anmut.

5. Unterweisung Freitag

Shaakini, die Göttin zur Meisterung des eigenen Schicksals

Steh auf und kämpfe

Der Freitag ist der Göttin *Shaakini* gewidmet. Sie erscheint als Verkörperung der Reinheit. Selbstzweifel, Zaudern und Hadern mit seinem Schicksal hemmen die Tat- und Entschlußkraft. Befreien kann man sich aber nur von seinem *Karma*, wenn man den Mut hat, sich dem Schicksal zu stellen. Durch die Hilfe der Göttin Shaakini gelangt man dazu und gewinnt dabei Kontrolle über seine Sinne, Emotionen und Furcht. Dabei öffnet sich das fünfte Energiezentrum. Dieses Chakra liegt in der Höhe des Kehlansatzes in der Wirbelsäule. Als Element Äther gebiert es durch die Schwingung des kosmischen Klanges Raum und Zeit. Ruht man in diesem Zentrum, so wird man von klarer Vernunft geleitet.

Erwacht die Göttin Shaakini in einem, so wird man zum Meister seines Schicksals.

Der namenlose Meister sprach zu mir: »Glück nimmt man im Leben als etwas Selbstverständliches, Gottgegebenes an. Im Leid und Unglück sieht man aber Schicksalsschläge, in denen man sich fragt: ›Warum gerade ich?‹ Nicht ohne Grund fällt es einem zu. Man braucht nur auf die innere Stimme zu hören, was sie einem sagen will.

Die folgende Geschichte stammt aus dem vor 3000 Jahren entstandenen altindischen Epos, dem *Mahabharata*. Es ist immer möglich, Schicksalschläge zu meistern und aus Leid und Zweifeln herauszufinden. Dazu rät einem das Mahabharata mit dem folgenden Zitat: ›*Steh auf und kämpfe.*‹ Es geschah vor langer Zeit – nördlich des heutigen Delhi. Dort lebte ein mächtiger Herrscher namens Pandu aus der Bharata-Dynastie. In ruhmreichen Schlachten schlug er seine Gegner und dehnte sein Reich aus. Eines Tages entschied er, sich von den Staatsgeschäften zurückzuziehen und ein einfaches Leben in Abgeschiedenheit und Meditation zu führen. Mit seinen beiden Ehefrauen, die gemeinsam mit ihm den Weg des Sannyasins gehen wollten, zog er sich in die unergründlichen Höhen des Himalayagebirges zurück. Den Sinn des Lebens teilt ein altindisches Schema in vier Ziele ein. Zuerst beginnt man als Kind und junger Mensch mit dem Lernen, *dharma*. Als Erwachsener setzt man mit dem materiellen Erwerb, *artha*, und der Hinwendung zur Sinnlichkeit, *karma*, fort. Man gründet eine Familie, schafft sich und seinen Kindern eine Existenz. Das vierte Ziel, *moksha*, beginnt, wenn in einem das Interesse nach dem Geistigen und Spirituellen erwacht. König Pandu wollte sich ganz diesem vierten Ziel ›moksha‹ widmen und übertrug aus diesem Grund seinem blinden Bruder *Dhritarashtra* die Herrschaft über das Reich. Fünf Söhne hatte König Pandu, die man Pandavas nannte. Ihre Mütter erzogen sie zu freien und unbeschwerten Menschen. Gemeinsam lebten sie mit ihren Eltern in den Wäldern und genossen eine herrliche Kindheit in der Natur. König Pandu übte sich unermüdlich in der Meditation, in der tiefen Versenkung, und gewann dadurch die Beachtung Gott Krishnas. Dieser erschien ihm in unzähligen Visionen auf dem Weg zur Erleuchtung. Als König Pandu im Sterben lag, bat er Gott Krishna, sich seiner Kinder anzunehmen. Krishna manifestierte sich in Menschengestalt als Vetter der Pandavas. Sie nahmen ihn, ohne viel zu fragen, in ihrer Mitte auf. Besonders zu Arjuna entwickelte Krishna in den folgenden Jahren eine tiefe Freundschaft. Schon als Kind beschäftigten Arjuna existentielle, moralische und spirituelle Fragen, nach denen er eine Antwort suchte. Dhritarashtra, der blinde Bruder des Königs Pandu, hatte über hundert Söhne und Töchter, die man Kauravas nannte. Sie genossen eine höfische Erziehung und glaubten, durch ihre Herkunft etwas Besonderes zu sein. Voller Stolz meinten sie, alles besser zu wissen und allen anderen überlegen zu sein. Als König Pandu gestorben war, brachte man die Pandavas zu einem Onkel. Er nahm sie und die Kauravas unter seine Obhut. Zu Prinzen wollte er sie erziehen, die einander in der zukünftigen Verwaltung und Verteidigung des Königreiches beistehen. Anfangs schien der Plan des Onkels, die Kauravas und die Pandavas in Eintracht zusammenzuführen, in Erfüllung zu gehen. Die Prinzen beider Geschlechter erhielten als zukünftige Herrscherelite eine besondere Ausbildung in der Kriegskunst. Sie übten sich im Ringkampf, der Schwertkunst und dem Bogenschießen. Die Pandavaprinzen Bhima und Arjuna taten sich dabei besonders hervor. Bhima war groß gewachsen, wendig und voll athletischer Kraft im Ringkampf. Arjuna wiederum tat sich als treffsicherer Bogenschütze hervor. Durch seine scharfen Augen und seine außerordentliche Reaktionsfähigkeit traf er jedes Ziel sicher wie ein Falke seine Beute. Eines Tages geschah folgendes: Als die Kauravas Bhima zum Ringkampf und Arjuna im Bogenschießen herausforderten, verloren sie diesen Wettkampf kläglich. Sie fühlten sich dadurch gedemütigt und in ihrem Stolz getroffen. Einige der Kauravaprinzen sannen auf Rache und entfachten eine jahrzehntelange Feindschaft zu den Pandavas.

Damals baute man die Paläste größtenteils aus Holz und schützte sie vor Witterungseinflüssen mit Lack. Als sie am Palast von Bhima und Arjuna Feuer legten, ging dieser rasch in einem Flammenmeer auf. Nur mit Mühe und Not konnten sich die Brüder durch einen Geheimgang retten und dem sicheren Tod entkommen. Durch diese schändliche Tat ergriff ein Teil der Bevölkerung des Reiches Partei für die Pandavas und wollte die verantwortlichen Kauravaprinzen dafür bestrafen. Der Ältestenrat beschloß, einen Teil des Reiches den Pandavas zu überlassen, um dadurch einen Bürgerkrieg zu vermeiden. Als neuen Herrschersitz wählten sie Indraprastha, das heutige Delhi.

Als Ratgeber und Hohepriester unterstützte Krishna die Prinzen beim Aufbau ihrer Städte und Länder. Voll und ganz vertrauten sie seinem Rat und gaben ihm den Beinamen *der Erhabene*. Durch siegreiche Schlachten vergrößerten die Pandavas ihr Reich. Zu Reichtum und hohem Ansehen gelangte die Bevölkerung. Die Prinzen heirateten die wunderschönsten Frauen aus entfernten Königreichen. Ihr Ansehen als hervorragende Feldherren und Herrscher dehnte sich über ganz Indien aus. Als daher Yudhisthira, der Führer der Pandavas, zur Feier seiner Siege ein Feueropfer darbrachte, lud er auch Duryodhana, Duhshasana und andere Kauravaprinzen dazu ein. Krishna erhielt einen Ehrenplatz und wollte als Vermittler die alte Feindschaft zwischen den Prinzengeschlechtern schlichten. Dies gelang ihm beinahe. Nur Duryodhana ließ der Reichtum der Pandavas keine Ruhe, und seine Gier, die Schätze an sich zu bringen, steckte auch andere Kauravaprinzen an. Sie überredeten ihren blinden Vater und König, Dhritarashtra, Yudhishthira und die anderen Pandavas als Freunde zu einem Fest einzuladen. Krishna ahnte Böses, konnte aber Yudhishthira nicht von der Einladung abhalten. Während des Festes überredete man ihn zu einem Würfelspiel. Die Spielleidenschaft in Indien ging oft bis zur Selbstverstümmelung. Verlor man sein ganzes Hab und Gut, so schnitt man sich als Pfand Zehen und Finger ab, um weiterspielen zu können.

Der Bogenschütze (Arjuna)

Man kannte bereits das Opium, welches schmerzunempfindlich machte. Die Kauravaprinzen betrogen Yudhishthira im Würfelspiel, und er verlor in dieser Nacht das ganze Könireich der Pandavas. Um es wieder zurückzugewinnen, setzte er als Pfand die Ehefrauen und das Leben seiner Brüder dafür ein. Als er auch dieses Spiel verlor, kannte seine Verzweiflung keine Grenzen. Da die Kauravas und Pandalas blutsverwandt waren, beschloß der blinde König, Dhritarashtra, den Pandavas das Leben zu schenken. Dafür müßten sie dreizehn Jahre in der Verbannung leben. Ihr gesamtes Reich, einschließlich ihrer Ehefrauen, würde in der Zeit der Verbannung den Kauravas zufallen. Nach dreizehn Jahren könnten die Pandavas wieder zurückkehren. Die Kauravas müßten ihnen gemäß der Abmachung ihr Reich und ihre Ehefrauen wieder zurückgeben. Bis aufs äußerste gedemütigt und jeglichen Stolzes beraubt, dachten die Pandavaprinzen anfangs sogar an Selbstmord. Doch Krishna klärte sie über folgendes auf: Dem Schicksal kann man nicht entfliehen. Das Karma folgt einem wie ein Schatten. Löst man es nicht in diesem Leben, so folgt es einem im nächsten Leben. Deshalb soll man sich dem unvermeidlichen Schicksal stellen und Herr darüber werden. Krishna begleitete die Pandavas in die Verbannung.

In der Natur, den Wäldern und Bergen fanden die Brüder wieder zu ihrer früheren Unbeschwertheit und Leichtigkeit. In dieser Zeit offenbarte Krishna den Pandavas das Geheimnis der Sieben Maharanis. Die verschiedensten Positionen des Maharani entsprechen Tierbezeichnungen und unterstreichen die Ehrfurcht des Maharani vor der Natur und Schöpfung. Unter der Anleitung Krishnas lernten die Prinzen, die Übungen wie in einem sich wandelnden Tanz einzunehmen. (Abb. S. 83) Dabei spürten sie, wie eine Position in die nächste floß und sie sich in den Körperstellungen entspannten. Jede Position regt über bestimmte Drüsen wichtige Hormonproduktionen und dadurch das Energie- und Kraftfeld im Gesamtorganismus an. Enorme Reaktionsfähigkeit, Schnelligkeit im Laufen und der Bewegung, Kräftigung und Ausdauer erreichten die Prinzen durch die Übungen des Maharani. Durch die tiefe und gedehnte Atmung in den Positionen befreiten sie sich von Traurigkeit und Selbstzweifeln. Unbeschwert konnten sie neu beginnen. Die Pandavas wollten ihr Reich und ihre Ehefrauen wieder zurückfordern, worum sie betrogen worden waren. Sie kehrten aus der Verbannung zurück, und Krishna begab sich als Abgesandter der Pandavas an den Hof der Kauravas. Ihr Führer, Duryodhana, blieb unerbittlich. Nicht einmal so viel Land, wie auf einen Nadelkopf paßt, wollte er hergeben, geschweige denn die Ehefrauen der Pandavas freigeben.

Die Prinzen der Pandavas besaßen nichts als sich selbst, und das genügte vollauf, um zu handeln. Mit stolzerhobenem Haupt baten sie um Hilfe bei Freunden und Königen, die einst ihnen zugetan waren. Auch sprach sich ihre Rückkehr in der Bevölkerung ihres verlorenen Königreiches herum, und viele sammelten sich als Mitstreiter für die Pandavas. Als Anführer wählten sie Arjuna.

Es geschah nördlich vom heutigen Delhi, während eines strahlenden Sommertages. Freunde und Könige von nah und fern trafen sich unter dem Banner der Pandavas auf dem Schlachtfeld von Kuruckshetra. Ihnen gegenüber stand das riesige waffenstrotzende Heer der Kauravas. Arjuna befehligte das Heer der Pandavas. Ihm zur Seite stand Krishna als sein Wagenlenker. Zwischen den Heeresreihen fuhr Arjuna mit seinem Streitwagen vor zur Spitze seines Heeres. Nun konnte er seine Gegner mit freien Augen sehen. Verwandte, Lehrer und Freunde aus früheren Zeiten entdeckte er im feindlichen Lager der Kauravas. Zweifel überfielen ihn, anzugreifen und sie vielleicht töten zu müssen. Schon dachte er daran aufzugeben, seine Heerscharen im Stich zu lassen, als Krishna ihn davon mit folgenden Worten abhielt: ›Kämpfst du nicht, so verlierst du. Zaudere nicht, sondern handle.‹

Näher und näher rückte das gegnerische Heer, und Arjuna faßte noch immer nicht den Entschluß anzugreifen. Fast schien es, als hätte er die Schlacht schon verloren, als Krishna sich ihm als Gott offenbarte. Im strahlenden Licht der göttlichen Erscheinung Krishnas erkannte Arjuna die ganze Schöpfung, Vergangenheit, Gegenwart und Zukunft. Dem Kampfe konnte er nicht ausweichen. Er verstand nun die Worte Krishnas, die aus dem Lichte zu ihm drangen: ›Mach dich bereit. Du hast Anrecht auf die Tat, nicht auf die Furcht. – *Steh auf und kämpfe.*‹

Die Gestalt Arjunas straffte sich, und er richtete sich auf. Gerüstet zum Kampf, führte er nun seine Heerschar zum Sieg. So gewaltig war die Schlacht, daß man noch heute davon in Indien erzählt. Denkwürdiger aber sind die Worte von Krishna an Arjuna den Heerführer.« Damit beendete mein namenloser Meister die Geschichte mit folgenden Worten: »Durch die ›Sieben Maharanis‹ fand Arjuna zu dieser Kraft, aufzustehen und für seine Sache zu kämpfen.«

Jeder, der weder ein noch aus weiß, sollte sich der Worte von Gott Krishna an Arjuna bewußt werden. Es hat keinen Sinn, sich in Melancholie, Selbstzweifel und Hadern zu verstricken. Sonst wird man noch tiefer in den Sumpf des Problems gezogen und verliert jegliche Übersicht darüber. Das Leben ist etwas Einmaliges und Wertvolles. Gott hat es einem geschenkt, und man sollte daraus etwas machen. Deshalb sollte man sich sofort dazu entschließen, aufzustehen und für eine positive Lebenseinstellung zu kämpfen. Dazu verhelfen die »Sieben Maharanis«. Man gewinnt Kontrolle über seine Sinne, fehlgeleitete Emotionen und findet zu klarer Vernunft. Dadurch befreit man sich von jedem Selbstzweifel, jeglichem Leid und wird im wahrsten Sinne zum Meister seines Schicksals.

Der Athlet und Ringer (Bhima)

Die 5. Maharani

Tief und gedehnt durch die Nase ein- und ausatmen und in jeder Position 6 Atemzüge anhalten.

1. Bergstellung

Aufrecht sitzen — Beine nach vorne gestreckt, beim Knöchel oder Wade fassen — Bein nach oben strecken — Oberkörper aufrichten — Schultern entspannt. Beinwechsel.

2. Bogen

Auf dem Rücken liegend — Bein nach oben strecken — Wade fassen und das Bein seitlich gegrätscht zu Boden legen — Knie durchgestreckt — Blick nach oben gerichtet — Schultern am Boden. Bein- und Seitenwechsel.

3. Halbe Zange

Aufrecht sitzen, Beine nach vorne gestreckt — Bein anziehen und Fuß zur Innenseite des Oberschenkels des gestreckten Beines legen

1. Bergstellung, 2. Bogen, 3. Halbe Zange, 4. Stellung des Weisen, 5. Kamel, 6. Frosch

①

②

③

④

⑤

⑥

— Arme nach oben strecken und vom Becken nach vorne dehnen — Wade oder Knöchel fassen — Blick nach vorne gerichtet. Beinwechsel.

4. Stellung des Weisen

Aufrecht sitzen, Beine nach vorne gestreckt — linken Fuß neben rechtes Knie — linke Hand hinten am Boden aufstützen — rechter Arm als Hebel über rechtes Knie — Handfläche weist zur Seite — Blick nach hinten gerichtet. Bein- und Seitenwechsel.

5. Kamel

Fersensitz — Kniestand aufrichten — Hand zur Ferse, anderen Arm und Hand nach oben gestreckt — Blick nach oben gerichtet. Bein- und Armwechsel.

6. Frosch

Beide Fußsohlen am Boden — zwischen den Knien hockend — beide Unterarme zu Boden dehnen — Blick nach vorne gerichtet.

Entspannung

Lege dich auf den Rücken. Leidest du an einer organischen Erkrankung, oder bist du nervös, vielleicht im Streß, so entspanne nun die Augen. Atme ruhig durch die Nase ein und aus. Wende nun in der Ausatmung deine liebevolle Zuwendung zu dem erkrankten

Organ, oder entspanne dich ganz einfach. Hebe nun ein wenig deine Mundwinkel an und lächle dir selbst zu. Spüre, wie dein Herz sich dadurch öffnet und wie eine Blume erblüht. Genieße nun das Wohlgefühl als heilende Entspannung, das dich bis in die Fingerspitzen durchströmt. Lasse dich tief in dein Inneres fallen und nimm dich, so wie du bist, liebevoll an.

Wirkung: Jede Position regt über bestimmte Drüsen wichtige Hormonproduktionen und dadurch das Energie- und Kraftfeld im Gesamtorganismus an. Nun hat man die Kraft und den Mut, »aufzustehen und für seine Überzeugung zu kämpfen«.

6. Unterweisung Samstag

Haakini, die Göttin, die uns Seelenfrieden und Glückseligkeit verleiht

Wünsche zur Wirklichkeit werden lassen

Der Samstag ist der Göttin *Haakini* gewidmet. Sie schenkt einem die Visionskraft, Wünsche zur Wirklichkeit werden zu lassen.

Durch ihre Hilfe öffnet sich das Dritte Auge als sechstes Chakra. Hier breitet sich unser innerer Kosmos, der sternenübersäte Himmel der Gefühle und Gedanken, aus. Das Ich-Bewußtsein als innerer Beobachter manifestiert sich in diesem inneren Raum. Gleitet man wie ein Raumschiff in diesen Mikrokosmos, so begegnet man seinem eigenen Wesen und findet zur Wahrheit und Klarheit. Einblick hat man in die Vergangenheit, Gegenwart und Zukunft; übersinnliche Fähigkeiten entwickeln sich. Eine Aura tiefsten Seelenfriedens und strahlender Glückseligkeit umhüllt einen.

Mein namenloser Meister sprach zu mir: »Es gibt Auserwählte mit besonderen Fähigkeiten. Sie verstehen die ›Zeichen der Straße‹ und haben Zugang zum Übersinnlichem. Als Magier und Schamanen beherrschen sie die Künste, mit dem Schattenreich, dem Jenseitigen, in Kontakt zu treten. Gute und böse Geister sind ihre Diener und Gehilfen. Doch nur ganz besonderen Magiern, Hexen und Zauberfeen offenbart sich die blaue Perle. Sie ruht als pulsierendes Drittes Auge zwischen den Augenbrauen im Schädelinneren. Die unermeßliche Tiefe des Meeres und des Himmelsraumes entfaltet sich in ihr. Als Organ der Hellsichtigkeit, der Visionen, kann sie jegliche Botschaft in die Tat umsetzen. Die folgende Geschichte berichtet über eine besondere Magierin und das Geheimnis der blauen Perle.

Es war ein armes junges Mädchen mit dem Namen Amber. Es lebte bei seinem Vater, einem Handwerker, in einem bescheidenen Zuhause in der Hauptstadt Rajasthans in Jaipur. Pink ist Jaipurs Residenzstadt, denn rosa schimmern die Sandsteinfassaden der

Walled City. Hier begegnet man Indien in seiner vollen Romantik mit Maharadscha-Palästen, Elefanten und märchenhaft strahlenden Diamanten. Es ist eine Stadt der Juwelen, der Marmor-Einlege- und Emaillekünstler. Das Tiger Fort auf einem steilen Bergrücken über der Stadt, die alte Residenz mit prachtvollen Spiegelkabinetten und Marmorschnitzereien sowie die Gärten von Sisodia erinnern an die Rajputen-Vergangenheit. In dieser Hochblüte der Maharadschas handelt die Geschichte der Magierin Amber. Als ihr Vater starb, wurde sie vollkommen mittellos, ohne Zuhause lebte sie auf der Straße. Jeder Tag wurde für sie zu einem Überlebenskampf um Arbeit und Nahrung. Entweder mußte sie betteln, oder sie hatte das Glück, auf den Märkten oder in Tempeln aushelfen zu können. An diesen Plätzen hielten sich zu bestimmten Festen Wahrsager, Zauberkünstler, Wunderheiler und auch Hexenmeister auf. Menschen strömten von nah und fern herbei, um sich beraten zu lassen oder ganz einfach dem Okkulten staunend zuzusehen. Tagelang wurde auf diesen Lichtfesten, *mela*, mit Musik, Tanz, Feuerwerk und bunten Kostümen gefeiert. Anlaß für das *mela* waren Ehrentage von Göttern, Abschluß der Ernte oder der Beginn des Monsuns. Asketen legten sich giftige Skorpione auf ihre Zungen, ohne gebissen zu werden. Schlangenbeschwörer zeigten ihre Macht über gefährliche Kobras, und Hypnotiseure versetzten Bereitwillige in Trance.

Das kleine Mädchen Amber begeisterte zutiefst dieses irreale Spiel. Eines Tages traf es auf einem dieser *melas* eine geheimnisvolle Frau. Über ihren mit Sternen und Mondsichel bemalten dunkelblauen Sari reichte ihr weißes Haar bis zum Boden. Geschmückt mit geheimnisvollen Symbolen, das Gesicht weiß mit einem großen roten Dreieck zwischen den Augenbrauen, erregte sie ehrfurchtsvolles Aufsehen.

Wollte man damals jemandem Schaden zufügen, so beauftragte man einen Schwarzmagier damit. Sie als weiße Magierin konnte die Betroffenen von diesem Fluch und der Verwünschung befreien. Auch besaß sie die Gabe, in die Zukunft zu blicken und Ratsuchenden zur Verwirklichung ihrer Wünsche zu verhelfen. Sie hieß Maha Kalikaya und war eine Hüterin des geheimnisvollen Maharani. Als sie das kleine verlassene Mädchen sah und in seine unschuldigen Kinderaugen blickte, überkam sie ein Gefühl, Amber in ihre Obhut nehmen zu müssen. In den folgenden Jahren begleitete Amber die Magierin zu den *melas* in Rajasthan. Sie reisten mit den Kamelkarawanen über die Straße Jaipur – Bikaner zu den malerischen Städten Fatehpur, Mandawa und dem Junagarh Fort. Sie sah den Mond- und Wolkenpalast mit dem Sandelholzthron und dem Silberbett des Königs. Maha Kalikaya war wegen ihrer übernatürlichen Fähigkeit so berühmt, daß sogar Maharadschas sie einluden und sie um Rat baten. Auf ihren ausgedehnten Reisen besuchten sie auch das siebentorige Meherangarh Fort von Jodhpur. Es fand gerade das Sati-Opfer statt. Mit Entsetzen sah Amber den freiwilligen Flammentod der Witwen, welcher auch bei den Rajputen üblich war. Zweiunddreißig Handreliefs erinnern daran. Sie entstanden aus einer Abschiedsgeste der Witwen, die bei ihrem letzten Gang eine Hand in rote Farbe tauchten und an die Mauer drückten. Eines Tages kehrten sie nach Jaipur zurück, und Maha Kalikaya mietete, ein wenig außerhalb der Stadt, ein großes Haus mit einem schönen Garten. Es war die Zeit gekommen, Amber in das Geheimnis des Maharani einzuführen und dadurch übersinnliche Fähigkeiten in ihr zu erwecken. Aus Amber war eine junge Frau geworden, die ihr in den Jahren bei den Ritualen half und sich bereits einiges Wissen in der

Die Magierin

Magie angeeignet hatte. Sie war nun bereit, die weibliche Mondströmung mit der männlichen Sonnenströmung durch die Übungen des Maharani zu einem magischen Kraftpotential zu vereinen.

Im Menschen gibt es zwei Kraftpole. Der untere liegt im Becken und der obere Pol im Schädelinneren. Als Verbindung beider Pole gilt die Wirbelsäule. Zuerst lehrte die Magierin Maha Kalikaya ihrer Adeptin Amber, die Urkraft im Becken zu aktivieren (Abb. S. 99) und sie in der Wirbelsäule nach oben strömen zu lassen. Dies geschieht durch die *Beckenatmung*. Auf dem Rücken liegend, beide Beine angewinkelt, legt man die Arme neben den Körper. Ruhig durch die Nase einatmend, stützt man sich auf die Unterarme auf und hebt das Becken und Gesäß langsam nach oben. Nun hält man den Atem an und sinkt tiefer in das Becken. Danach senkt man das Becken langsam zu Boden und atmet dabei ruhig durch den Mund aus. Man atmet danach tief durch. Amber spürte, wie das Becken sich für die Urkraft aus dem unteren Kraftpol öffnete und es sie heiß durchströmte. Ein noch nie dagewesenes Lebensgefühl erfaßte sie und brachte sie in Einklang mit der Kraft der Natur. Um diese mächtige Urkraft in der Wirbelsäule nach oben strömen zu lassen, lernte sie dafür bestimmte Energiepositionen. (Abb. S. 99) Anfangs spürte sie, während sie in den Energieübungen ruhte, einen leichten Dehnungsschmerz. Im ruhigen Atmen verweilte sie darin und entspannte die betroffenen Muskeln. Dadurch löste sich die Verspannung im Rückenbereich, und die fünf Energiezentren öffneten sich in der Wirbelsäule wie die Blüten einer Blume. Jetzt mußte nur mehr der obere Kraftpol, das innere Dritte Auge, geöffnet werden, um zum Geheimnis der blauen Perle vorzudringen. Die Zirbeldrüse, als Sitz des Dritten Auges, wölbt sich ein wenig aus der dritten Hirnkammer hervor und reagiert außerordentlich empfindlich auf Licht. Durch die Lichtübung (Tratak) regt man diese okkulte Drüse zu vermehrter Tätigkeit an. Dadurch entwickelt man übersinnliche Fähigkeiten.

Maha Kalikaya unterwies nun Amber in der *Lichtübung*. Aufrecht im Meditationssitz, Hände auf den Knien ruhend, saß sie vor einer brennenden Kerze (Tratak, s. S. 100). Mit dem Daumen begann sie kreisförmig zwischen den Augenbrauen zu massieren. Dies erleichterte es Amber, sich auf das innere Auge zu konzentrieren. Sie entspannte nun das Gesicht und ließ die Stirn ganz glatt werden. Die Augen zu einem schmalen Schlitz schließend, tauchte sie nun mit ihrer ganzen Konzentration in die Strahlen der Kerzenflamme ein. Ihre Augen tränten ein wenig, doch durfte sie die Lider kaum bewegen. Zu ihrer Überraschung geschah nun folgendes: Die Strahlen der Kerzenflamme wandelten sich in die Spektralfarben und diese sich in ein sich dauernd veränderndes Spiel von Bildern. Ihr wurde dabei bewußt, daß diese ineinanderfließenden Bilder ihre eigenen Gedanken und Vorstellungen waren. Amber entdeckte sich als die Schöpferin ihrer eigenen Innenwelt und ihrer Visionen. Nun mußte sie die Augen schließen und die leuchtenden Spektralfarben der Flamme zwischen den Augenbrauen im Schädelinneren tanzen lassen. Es schien ihr, als ob sich ein Kanal von der Stirn zum Schädelinneren öffnete. In und um sie löste sich alles in leuchtender prickelnder Energie auf. Aus diesem Energieschauer wurde eine Gestalt deutlich. Es war die Göttin Haakini. Ihre Haut war hellrosa, geschmückt mit Gold und Edelsteinen. Sie saß mit einem hochgezogenen Bein auf einer Lotusblume und trug in ihrem Schoß eine glänzende blaue Perle. Diese blaue Perle überreichte sie wortlos Amber und löste sich wieder in unzähligen Spektralfarben auf. Zurück blieb aus dieser Vision eine in ihrem inneren Auge vibrierende

Die Magierin

blaue Perle. Als Amber die Augen öffnete und es Maha Kalikaya erzählte, erfuhr sie darüber folgendes: Durch die Lichtübung öffnete sich in ihr das magische Dritte Auge, als Sitz von übernatürlichen Fähigkeiten. Als Magierin kann sie nun in die Zukunft schauen und andere Menschen vor Fluch und Schaden bewahren. Die blaue Perle als Himmelsbotin hilft ihr dabei, ihre Visionen und Wünsche für sich und andere Menschen zur Wirklichkeit werden zu lassen. In den folgenden Jahren erblühte Amber zu einer Frau mit geheimnisvoller, anziehender Ausstrahlung, deren Ruf als Magierin sich über ganz Rajasthan ausbreitete. In der Nähe ihres Hauses lag der Palast Samode. In dieser Residenz herrschte ein Prinz und Maharadscha des Kriegerclans der Kachwaha-Rajputen. Die Dynastie war von einem Fluch beladen. Prinz Prithviraj litt darunter, und er zog sich in Einsamkeit und Melancholie zurück. Zu keinem anderen Gefühl fähig, empfand er das Leben als absolute Qual und Sühne. Als er von der besonderen Gabe der Magierin Amber erfuhr, sandte er eine Gefolgschaft aus, um sie zu bitten, ihn von dem Fluch zu befreien. Bevor Amber sich zur Reise entschloß, wollte sie über ihre Visionsfähigkeit erfahren, ob und wie sie ihm helfen könne. In der Lichtmeditation konzentrierte sie sich auf die blaue Perle im Dritten Auge. Im Schimmern der blauen Perle öffnete sich ihr folgende Vision. Durch eine enge tunnelartige Einfahrt und ein metallbeschlagenes Tor sah sie den Weg zu einem märchenhaften Palast. Im weiträumigen Hof brannte Licht aus bunten Laternen, die ein filigranes Licht auf die Wände webten. Über eine breite Außentreppe öffnete sich der Eingang zu mondbeschienenen Innenhöfen, in denen es nach Bougainvilleen duftete. In den Räumen mit widerhallender Weite standen unzählige Spiegel und silberne Möbel. Vergoldete Stukkatur dekorierte die labyrinthischen Flure. Wandgemälde zeigten Höflinge und tanzende Mädchen. Zurückgezogen in seiner Suite, saß der Prinz auf einem ausladenden Bett mit darüber gekreuzten Speeren. Geschnitzte dekorative Türflügel öffneten sich zu einem luxuriösen Badezimmer, das mit allem Komfort ausgestattet war. Mit blassem Gesicht und trüben Augen sinnierte er vor sich hin und schob die Melancholie seines Herzens auf den Fluch. Amber wollte mehr über ihn wissen und tauchte tiefer in sein Wesen ein. Dort erlebte sie einen Menschen voll Liebe, Zärtlichkeit und Schönheit. Es schien, als ob der märchenhafte Palast von Samode sich im Wesen des Prinzen in seiner ganzen phantastischen Realität ausdrückte. So strahlend war sein eigentliches Wesen, daß Amber eine tiefe Zuneigung und Liebe zu ihm empfand. Voll aufwallender Zärtlichkeit und Mitgefühl wollte sie ihn am liebsten umarmen, beschützen und ihn dem Leben wiedergeben. So rasch wie möglich wollte sie zu ihm. Zur gleichen Zeit geschah auch mit dem Prinzen Sonderbares. Eine wunderschöne geheimnisvolle Frau erblickte er, die auf ihn zueilte, ihn liebevoll umarmte, voller Zärtlichkeit war. War es ein Traum — oder Wirklichkeit? Aus seiner Melancholie herausgerissen, fühlte er eine duftende Leichtigkeit in seinem Herzen. Halten wollte er diesen Traum. Doch wie er so plötzlich kam, so schwand er, zurück blieb die Erinnerung. Durch die Visionsfähigkeit von Amber und die Kraft der blauen Perle wurde der Prinz vom Fluch befreit und der Wunsch nach Liebe und Zärtlichkeit beider erfüllt. Als Amber am nächsten Tag im Palast eintraf, wurde ihre Vision zur Wirklichkeit. Durch eine enge tunnelartige Einfahrt und durch das metallbeschlagene Tor schritt sie über eine breite Außentreppe zum Eingang hinauf. Eine Willkommensmelodie einer arabischen Flöte, Shehnai, begrüßte sie. Bedienstete mit Turbanen legten ihr Girlanden um den Hals und malten einen glücksbringenden zinnoberroten Punkt auf ihre Stirn. Sie führten Amber zum Prinzen. Als er sie sah, erkannte er sie aus seinem Traum. Beide umarmten sich, als ob sie sich schon kannten. Als der Prinz von seinem Traum erzählte, lächelte ihm Amber wissend zu. Amber blieb im Palast, und es geschah wie im Märchen, sie wurden ein unzertrennliches Paar. Als Dank, vom Fluch befreit zu sein, ließ der Prinz einen wunderschönen Mogul-Garten mit märchenhaften Blumen, Sträuchern, Bäumen und Springbrunnen anlegen. Dort verbrachten der Maharadscha und Amber innige Stunden des Zusammenseins. Die Dynastie des Maharadschas hieß von da an ›von Amber‹ und erinnert an die Geschichte von Prinz Prithviraj Singh und der Magierin Amber.«

Mein namenloser Meister beendete die Geschichte mit folgendem Kommentar: »Durch die Sieben Maharanis öffnet sich in einem das Geheimnis der blauen Perle. Durch die Visionskraft werden alle Wünsche zur Wirklichkeit.«

Die 6. Maharani

1. Beckenatmung (Öffnen des unteren Kraftpotentials)

a) Auf dem Rücken liegend beide Beine angewinkelt – Arme neben dem Körper – einatmen und Becken und Gesäß nach oben drücken – Atem anhalten und tief in das Becken, dem unteren Kraftpotential, sinken.

b) Ruhig durch den Mund ausatmen und das Becken zu Boden senken. Tief durchatmen und spüren, wie die Urkraft einen heiß durchströmt.

Beckenatmung 3mal wiederholen.

Öffnen der Energiezentren in der Wirbelsäule.

In den folgenden Energieübungen ruhig durch die Nase ein- und ausatmen und die Positionen für einige Zeit halten.

2. Kerze

Auf dem Rücken liegend – Beine nach oben und dann nach hinten strecken – Hände in die Hüfte stemmen und Beine nach oben strecken. Kinn zum Brustbein – Gesäß anspannen – Zehen nach oben.

3. Sphinx

Bauchlage – Unterarme stützen den Oberkörper – beide Beine nach hinten gestreckt – Blick nach vorn gerichtet und weit in die Ferne schauen.

4. Fisch

Rückenlage – beide Arme unter das Gesäß – Handflächen zu Boden – Nacken nach hinten beugen – den Boden mit dem Scheitel berühren. Brustkorb nach oben gewölbt – Beine geschlossen nach vorne gestreckt – zum Nabel atmen.

5. Panther

Ausgangsstellung Fersensitz – mit beiden gestreckten Armen – Daumen überkreuzen – nach vorne fließen, bis Kinn und Brustansatz den Boden berühren – Blick nach vorne. Am Bauch entspannen.

Das Dritte Auge – den oberen Kraftpol öffnen.

1a. Beckenatmung, 1b. Beckenatmung, 2. Kerze, 3. Sphinx, 4. Fisch, 5. Panther

①a

①b

②

③

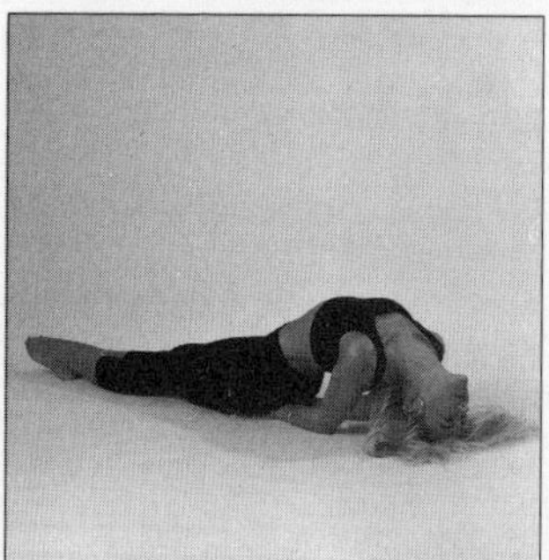

④

⑤

6. Lichtmeditation (Tratak)

Aufrecht im einfachen Sitz – Hände auf den Knien – vor einer brennenden Kerze sitzen – mit Daumen zwischen den Augenbrauen kreisförmig massieren – Gesicht entspannen – Stirn ganz glatt – Augen zu einem schmalen Schlitz verengen – in die Strahlen der Kerzenflamme eintauchen – Lider währenddessen kaum bewegen – nach einiger Zeit Augen schließen – Kerzenflamme im Schädelinneren sich vorstellen – zu einer glänzenden blauen Perle werden lassen.

7. Unterweisung Sonntag

Keine Göttin, sondern Deinem eigenen Bewußtsein gewidmet

Freude, Glückseligkeit und ein langes Leben

Der Sonntag ist keiner Göttin, sondern dir als deinem eigenen Meister gewidmet. Die letzte unveränderliche Wirklichkeit, dein Selbst-bewußtsein, hat sich aufgetan. Bewußtsein und Unterbewußtsein sind harmonisch miteinander verbunden. Das siebente Energiezentrum, welches seinen Sitz im oberen Schädel hat, umfaßt nun dein ganzes Wesen. Vollkommene Harmonie, Wahrheit und Klarheit breiten sich in dir aus. Du wirst zu einem blühenden Baum, der mit allem verschmilzt.

Freude, Glückseligkeit und ein langes Leben erreicht man durch die siebente Maharani.

Mein namenloser Meister sprach zu mir: »Wie man über die Sieben Maharanis zu Freude, Glückseligkeit und zu einem langen Leben findet, erzählt dir folgende Geschichte: Es geschah vor dreihundert Jahren. Das damalige Indien wurde zu Recht als das Land des Zaubers und der Musik gepriesen. Moslems, Hinduisten, Christen und andere Religionen lebten in Eintracht nebeneinander. Neben Moscheen und Kirchen standen Tempel der Hindus, Parsen oder Jainas. Reichtum, Wohlstand, Schönheit und Sinnesfreuden herrschten in den Städten. Farbenglühende Saris, nackte Asketen, geheimnisvolle Fakire, die ihr außergewöhnliches Können zur Schau stellten, prägten das Bild des regen Treibens. Soldaten in märchenhaften Gewändern thronten auf ihren geschmückten Pferden, Kamelen und Elefanten. Düfte voller Geheimnisse lockten in die Basare. Tempel luden zu sinnesfreudigen Festen mit Tanz und Musik, aber auch zu meditativer Ruhe ein. Indien bestand aus Hunderten von Fürstentümern, deren Herrscher man die Maharadschas nannte. Sie waren die Erben jahrtausendealter Dynastien. Eines dieser märchenhaften Reiche lag im tropischen Südindien bei der heutigen Stadt Bangalore. Hier herrschte der Maharadschafürst Tipu Sultan. Hundert Kilometer von Bangalore entfernt lag seine Residenz, Mysores. Dieser Maharadscha war berühmt wegen seines ungeheuren Reichtums sowie für seinen unerbittlichen Willen, sich gegen den britischen Kolonialimperialismus zu wehren. Als Anführer des südindischen Widerstandes verteidigte er die Eigenständigkeit und die jahrtausendealte Kultur Indiens. Er wurde von einem britischen Soldaten 1799 erschossen, als dieser das Juwel vom indischen Sultansturban stehlen wollte.

Dieser Maharadscha hatte einen Sohn, der Prinz Janaka hieß. Obwohl den Prinzen ungeheurer Luxus und Reichtum umgaben, war sein Wesen voller Bescheidenheit und menschlicher Wärme. Das Volk liebte ihn deswegen sehr. Er erinnerte es an den großen Heiligen und legendären Herrscher *Gommateshvara,* der 980 n. Chr. dort lebte und wirkte. Über 614 Felsstufen steigt man zu seinem steinernen Bildnis, eine zwanzig Meter hohe Monolith-Statue, empor.

Prinz Janaka wurde in allen Wissenschaften und Künsten unterrichtet. Maharadschas waren nicht nur wegen ihres Reichtums und der aristokratischen Ausstrahlung berühmt, sondern auch durch ihr Streben, Architektur mit einem spirituellen Inhalt zu versehen. Dies zeigt sich am schönsten im Palast Taj Mahal. Der damalige Maharadscha und Bauherr hat versucht, im Taj Mahal dem Thron Gottes eine Form zu geben. Ihr umfassendes Wissen, staatsmännische Fähigkeiten, Toleranz und der Hang zu Schönheit und Ästhetik zeichneten sie als schillernde Persönlichkeiten mit besonderen Fähigkeiten aus. Durch eine brillante Erziehung und die Sieben Maharanis bildeten weise Lehrer, *rishis* genannt, die Prinzen zu wahrhaften Herrschern. Dies geschah auch mit Prinz Janaka. Ein berühmter Weiser und Maharani nahm sich seiner Erziehung an. Er hieß Mathila und war ein großer königlicher Weiser und Heiliger der Kriegerkaste. Durch sein heiliges Leben auf

Erden wurde er wie ein Halbgott vom Volk und den Maharadschas verehrt. Er lebte und wirkte im berühmten Sonnentempel von Konarak am Golf von Bengalen. Als Prinz Janaka nach einer beschwerlichen Reise über den Landweg abends dort eintraf, blickte er voll Verwunderung und Erstaunen auf das museale Monument. Im 13. Jahrhundert für den Sonnengott Surya errichtet, gehört es heute zu den großartigsten Wundern der Architektur der Welt. Von vierundzwanzig fast vier Meter hohen, steinernen Rädern flankiert, schmücken Hunderte Götter- und Menschenskulpturen in zärtlicher Umarmung das Heiligtum. Elefanten, Löwen und Pflanzenmotive vervollkommnen das göttliche Kunstwerk. Die Sonne ging gerade über dem Horizont des Golfs von Benares unter, hüllte den Sonnentempel in ein goldorangenes Licht ein, als plötzlich vor dem Prinz der königliche Weise stand. Schwarzes langes Haar umhüllte sein edel geformtes Antlitz, und ein safrangelbes Gewand kleidete seine kräftig geformte Gestalt. Mathila hatte strahlende lebendige Augen voller Freude und Glückseligkeit. Prinz Janaka hatte sich einen Asketen, der Welt abgewandt, von allem Irdischen abgehoben, vorgestellt. Nun stand vor ihm das Leben in Gestalt von Mathila, in voller Schönheit und Blüte. Mathila ergriff liebevoll die Hände des Prinzen und führte ihn in den Tempel.

In den darauffolgenden Tagen unterwies Mathila den Prinzen Janaka in dem Geheimnis der Sieben Maharanis. Dazu erklärte er ihm folgendes: Statt nach Erlösung zu suchen, sollte man sich von Schuld und Sühne befreien. Alles Göttliche ist hier auf Erden. Wäre es nicht hier, so wäre es nirgendwo. Man braucht seine Sinne dafür nur zu öffnen. Schon schmeckt man das Aroma der Freude und Glückseligkeit. Die Ursachen von Schuld und Sühne liegen in unserem negativen Denken. Diese sind unsere Probleme und Sorgen, von denen wir uns nicht lösen wollen. Um sich von diesen Problemen und Gedanken zu befreien, gibt es eine besondere Übung — die *Schädelreinigung.* (Abb. S. 113) Janaka nahm dafür den Kniestand ein und faltete die Hände vor der Brust. Die Fingerspitzen wiesen dabei nach unten, und die Daumenkuppen drückten die Nasenflügel zu. Im Einatmen sog Janaka die Luft tief und gedehnt durch den Mund ein und drehte die Hände und den Blick nach oben. Im Atemanhalten wölbte er den Brustkorb nach vorne und konzentrierte sich auf den Scheitel. Danach atmete er gedehnt durch beide Nasenlöcher aus und drehte den Kopf und die Fingerspitzen nach unten zur Brust.

Währenddessen stellte er sich vor, wie der Scheitel sich öffnete, und alle Probleme und Sorgen über den geöffneten Scheitel entwichen. Nach einigen Wiederholungen fühlte er, wie sich Ruhe und Stille in ihm ausbreiteten und Freude ihn durchströmte. Und weiter fuhr der Weise Mathila mit seinen Unterweisungen fort: Der Mensch besteht aus Körper, Seele und Geist, welche in Wechselwirkung zueinander stehen. Je harmonischer die Verbindung zueinander ist, desto gesünder, zufriedener und glücklicher fühlt sich der Mensch. Als hochkompliziertes Labor produziert der Gesamtorganismus dafür bestimmte Hormone. Die magischen Körperstellungen (Abb. S. 113) der siebenten Maharani sind der geheime Schlüssel zur inneren Harmonie und einem langen genußvollen Leben. Wichtig ist es dabei, auf folgendes zu achten: Jede Körperstellung beinhaltet einen Schwerpunkt, in dem man mühelos atmet und angenehm ruht. Findet man den inneren Schwerpunkt in den Körperstellungen, so öffnet sich wie durch einen Zauber in einem das geheime Schloß zum langen genußvollen Leben.

Anfangs hatte Prinz Janaka Schwierigkeiten, in den ungewohnten Positionen mühelos zu verbleiben. Je öfters er sie übte, desto mehr Sensibilität entwickelte er dazu. Schließlich entdeckte er wie von selbst den jeweiligen Schwerpunkt in den magischen Körperstellungen und öffnete dadurch den geheimen Zauber in sich. Nun war er für die letzte Stufe der Sieben Maharanis bereit. Die Beziehung zwischen Schüler und Meister reicht im Maharani weit über ein Lehrerverhältnis hinaus. Es ist eine zeit- und raumlose Astralbeziehung, indem der Meister das Geheimnis aller Geheimnisse im Adepten erweckt. Dadurch erwacht im Adepten der innere Meister. Dies geschieht über die kosmische Meditation. (Abb. S. 113)

Aug' im Aug' saßen Mathila und Janaka im aufrechten Meditationssitz einander gegenüber. Janaka synchronisierte seinen Atem mit dem Atem Mathilas und sank dadurch tief in seinen inneren Raum. Er fühlte sich eins mit Mathila, nichts trennte sie voneinander. Gedanken und Empfindungen erstrahlten darin wie ein funkelnder Sternenhimmel. Durch die Hilfe Mathilas beobachtete Janaka mit Gleichmut seine innere Welt. Langsam verblaßte der Sternenhimmel und damit auch die Gedanken. Plötzlich geschah folgendes: Fast glaubte Janaka von Mathilas Augen durchbohrt zu werden, so intensiv und stechend wurde sein Blick. Es war kein Traum, sondern Wirklichkeit. Janaka fühlte, wie ein Lichtkanal sich von seiner Stirne ins Innere zum Dritten Auge öffnete. Alles um ihn herum, sogar sein eigener Körper, löste sich in vibrierender Energie auf. Grenzenlose Leere und unendliche Weite öffneten sich in ihm, und er fühlte sich darin ganz geborgen. Von diesem Augenblick an waren Vergangenheit und Zukunft für ihn unwichtig geworden; von nun an ruhte Janaka im Hier und Jetzt. Überall wo er hinblickte, die Welt mit seinen Sinnen wahrnahm, ahnte er die Anwesenheit des Ewigen und Unveränderlichen. Ekstatische Freude und Glückseligkeit durchströmten Janaka bis in die Fingerspitzen, und er verstand nun die Worte des Weisen Mathila. ›Wirst du zu deinem eigenen Meister, so erblüht dein Wesen wie ein blühender Baum.‹ Als am nächsten Tag die Sonne über dem Golf von Bengalen aufging und der Sonnentempel von Kornaka darin im warmen Licht erstrahlte, nahmen beide, Mathila und Janaka, voneinander Abschied.

Heimgekehrt von seiner Reise, überbrachte man ihm die Nachricht vom Tod seines Vaters, Tipu Sultan. Entsetzt und traurig darüber haderte er für eine Zeit mit Gott und der Welt. Doch dann wurde ihm bewußt, daß ihn nichts von seinem Vater trennen könnte, denn tief war sein Wesen mit ihm verbunden. Zu Ehren seines Vaters ließ Janaka in der Gartenstadt Bangalore im Sommerpalast die Lebensgeschichte von Tipu Sultan in unzähligen Malereien verewigen. Noch heute wird er als Anführer des südindischen Widerstandes gegen den englischen Imperialismus gefeiert. Als neuer Maharadscha übernahm Janaka das Erbe seines Vaters. In den folgenden Jahren seiner Herrschaft entwickelte sich das Fürstentum zu kaum vorstellbarer Pracht und Reichtum. Die Ausfuhr von Diamanten, tropischen Hölzern wie Sandelholz, Gewürzen und herrlichen Seidenstoffen nach Arabien, China, an die Engländer und Europäer trugen dazu bei. Über England und ganz Europa drang der Ruf des Maharadschas Janaka als Besitzer von grenzenlosem Reichtum und geheimnisvollem Zauber. Die heutige Residenz des Maharadschas von Mysore zählt zu den größten und prächtigsten Palästen Indiens und erinnert an die damalige unvorstellbare Macht und Größe der Maharadschas in Indien. Auf seinen prachtvollen Hof lud er die größten Geister Asiens, des Orients und sogar Jesuitenpater aus Europa ein. Sein Palast war aus Marmor, Rosenholz, Mahagoni und Silber erbaut. Durch kunstvoll verriegelte Fenster floß sanftes Licht in stimmungsvoll bemalte Räume. In diesem Märchenpalast fanden prunkvolle Feste statt, wo sogar englische Beamte und Offiziere es sich nicht nehmen ließen, daran teilzunehmen. Zu dem 50. Jubiläum seiner Thronbesteigung ließ er sich mit Gold aufwiegen, um seinen märchenhaften Reichtum vor den Engländern zu demonstrieren. Janaka sah im Luxus und Wohlstand seines Volkes und Hofstaats eine Spiegelung seines inneren Reichtums. Seinen inneren Reichtum definierte er als Freude und drückte es wie folgt aus: Das Göttliche ist Freude. Denn aus Freude werden die Lebewesen geboren, in der Freude leben sie, wenn sie geboren sind, in die Freude gehen sie ein, wenn sie aus dieser Welt scheiden.

Eines Tages, als Janaka unter einem ausladenden Baum in seinem Palastgarten meditierte, erschien ihm eine wunderschöne Asketin und Schamanin. Sie hieß Sarasa und war eine Himmelsbotin. Im Maharani sagt man, daß diese Wesen aus den *Wellikeln*, der astralen Essenz des Lichts, hervorgehen. Folgendes teilte sie ihm mit: Es ist nun die Zeit für dich gekommen, Janaka, dich mit deinem ganzen Wesen dem Maharani zu widmen. Als Hüter des Geheimnisses aller Geheimnisse wirst du dafür Auserwählte darin unterweisen. Zugang zum astralen Kosmos öffne ich dir als Himmelsbotin. Befreiung von allem und Erleuchtung wirst du finden durch die berauschende Essenz meines klaren Lichts. Ich umarme dich – vergiß deinen Namen, Stand und Reichtum.

Der Maharadscha Janaka löste sich von seinem Reichtum und weltlichen Gebundenheiten. Er übergab die Herrschaft seinen Söhnen und besuchte als Hüter des Maharani die vier heiligsten Städte des Wunderlandes Indien.

Bei Palitano, welches im Westen Indiens liegt, stieg er zum Tempel und Götterberg der Jainas hoch.

Zwischen rauhen Gebirgshängen wanderte der Hüter des Maharani zur uralten Rajputen-Stadt Ajmer. Hier liegt die heilige Stadt der Mohammedaner.

Und weiter ging die Reise nach Amritzar, die im Norden Indiens, dem Punjab, liegt. Seit über 400 Jahren ist Amritzar das religiöse Zentrum der Sikhs. Schließlich besuchte er die heilige Stadt der Hindus. Als er frühmorgens in Varanasi ankam, tauchte die Sonne die jahrtausendealte Fassade der Paläste und Pilgerhäuser in honiggelbes Licht. Hunderte frommer Hindus benetzten sich im heiligen Fluß Stirn und Brust. Sie übergossen sich mit Wasser aus goldglänzenden Messingschalen und ließen winzige Öllämpchen auf Blättern schwimmen. Seit 2600 Jahren wird in diesem heiligen Pilgerort das Ritual der Morgenandacht wiederholt. Hier wünscht ein jeder Hindu zu sterben. In dieser heiligen Stadt blieb er für einige Zeit. Dort lernte er Weise, Heilige und Yogis der verschiedensten Glaubensrichtungen kennen und bereicherte sein spirituelles Wissen.

Eines Tages stieg er zur Quelle des heiligen Gangesflusses zum Himalaya hoch. Nur mit einem Lendentuch bekleidet und barfüßig, folgte er seinem Lauf. Hoch oben in dreitausend Meter Höhe traf er auf Asketen und Asketinnen. Sie lebten in Höhlen, die tief im Berg in einem Tropfsteingewölbe mündeten. Kein Normalsterblicher durfte hier leben, denn sie übten sich in unvorstellbaren Fähigkeiten. Nackt badeten sie im eisigen Bergwasser, schmolzen in tiefer Meditation um sich den Schnee, oder levitierten durch magische Übungen. Für fünfzig Jahre lebte er hier, zwischen Eis und Schnee, als Asket. Eines Tages entschied er sich, auch diesen Platz zu verlassen. Er erkannte die paradoxe Natur des Lebens, die zwischen weltlichen Vergnügungen und der Sehnsucht nach Erlösung durch Askese schwankt. Nun wollte er beides, Vergnügen und Erlösung, in vollkommener Harmonie in sich vereinen. So zog er den Lauf des Gangesflusses hinab in den Urwald zu einem paradiesischen Ort am See.«

Damit beendete mein namenloser Meister seine Geschichte.

Als ob er aus dem Nebel der Zeit zurückkehrte, richtete er folgende Worte an mich: »Wie du es bereits ahnst, war die siebente Maharani meine eigene Lebensgeschichte.

Freude am Leben und Trauer über den Tod sind enge Nachbarn, doch über das Maharani wächst man darüber hinaus. Vollkommene Harmonie, Wahrheit und Klarheit findet man dabei und entdeckt sein Selbst. Sarasa, meine strahlende Himmelsbotin und astrale Geliebte, war immer an meiner Seite. Schließlich brachte sie mich an diesen geheimen Ort am See, wo ich seit undenklicher Zeit als Hüter der Maharani lebe. Seit Generationen unterweise ich nur Auserwählte in das Geheimnis des Maharani.«

Liebevoll, wie zum Abschied, strichen seine sanften Augen über mein Antlitz, als er seine letzten Worte zu mir sprach: »Freude, Glückseligkeit und ein langes Leben erlangst du durch die Sieben Maharanis und wirst zu einem blühenden Baum, der mit allem verschmilzt. Gib dieses Wissen persönlich nur an dafür Auserwählte weiter und halte meine Wohnstätte für alle Zeiten geheim.«

Die 7. Maharani

1. Schädelreinigung (Befreiung von negativem Denken und Problemen)

a) Ausgangsposition Kniestand – Hände vor der Brust falten – Fingerspitzen weisen nach unten – Daumenkuppen drücken Nasenflügel zu.

b) Im Einatmen die Luft tief und gedehnt durch den Mund einziehen (Mund rund und schmal machen) – Hände drehen sich mit Fingerspitzen nach oben – Blick nach oben gerichtet – kurz anhalten – Konzentration auf Scheitel – im Ausatmen durch beide Nasenlöcher (Druck der Daumenkuppen von Nasenflügel ein wenig lösen) drehen der Kopf und die Fingerspitzen nach unten zur Brust.

Übung wiederholen und während der Konzentration auf den Scheitel sich vorstellen, wie der Scheitel sich öffnet und man frei wird von Problemen und Sorgen. Schädelreinigung 3mal wiederholen.

Danach spüren, wie Ruhe und innerer Frieden sich in einem ausbreitet.

In den nun folgenden magischen Körperstellungen für einige ruhige und tiefe Atemzüge im inneren Schwerpunkt ruhen.

1a. Schädelreinigung, b. Schädelreinigung, 2. Taube,
3. Halbe Heuschrecke, 4. Bogenbrücke gestreckt, 5. Schildkröte,
6. Kosmische Meditation

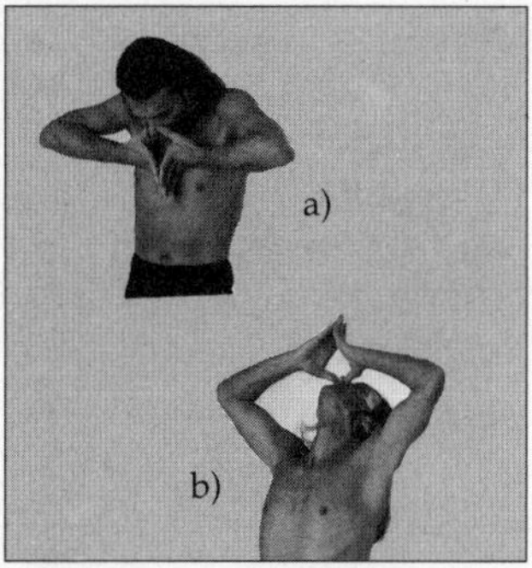

①

②

③

④

⑤

⑥

2. Taube

Bauchlage — Unterarme stützen den Oberkörper — ein Bein anwinkeln — das andere Bein nach hinten strecken. Blick nach vorne. Beinwechsel.

3. Halbe Heuschrecke

Auf dem Bauch liegend — Kinn vorgestreckt — Hände unter Oberschenkel legen — Bein nach oben strecken — mit dem anderen angewinkelten Bein gestrecktes Bein stützen. Beinwechsel.

4. Bogenbrücke gestreckt

Auf dem Rücken liegend — beide Hände seitlich am Boden aufstützen — Becken hochdrücken — Beine nach vorne gestreckt — Fußsohle am Boden — Blick nach oben gerichtet.

5. Schildkröte

Gegrätscht mit aufgestellten Beinen sitzen — Unterarme am Boden — Blick nach vorne gerichtet.

6. Kosmische Meditation

Im einfachen Meditationssitz aufrecht sitzen. Atme ruhig und gedehnt aus, und sinke tief in deinen inneren Raum. Gedanken und Empfindungen erstrahlen darin, wie ein funkelnder Sternenhimmel. Werte es weder als angenehm noch als unangenehm. Gleite nun in diesen Sternenhimmel und setze die kosmische Reise fort. Langsam verblassen die Sterne und damit deine Gedanken. Unendliche Weite und grenzenlose Leere öffnen sich und nehmen dich auf. Fühle dich ganz geborgen und ruhe im Hier und Jetzt.

Wirkung: Durch die magischen Körperstellungen öffnet sich wie durch einen Zauber in einem das geheime Schloß zum langen genußvollen Leben.

Die positive Auswirkung der »Sieben Maharanis« auf die sieben Energiezentren

Viele Funktionen werden im Menschen durch Hormone gesteuert. Das Allgemeinbefinden und die geistige Tätigkeit sind von einem gut funktionierenden Hormonhaushalt abhängig. Außer den endokrinen Drüsen produzieren auch einige innere Organe, wie z. B.: Magen, Därme, Leber, Niere und Herz, Hormone. Durch die Übungen der Sieben Maharani, wird nicht nur die Hormonausschüttung angeregt, sondern auch die Organfunktion verbessert. Die Muskeln werden gekräftigt, die Haut gestrafft und die Kondition verbessert.

1. Scheitelzentrum:
DRÜSE: Hypothalamus und Zirbeldrüse. ORGAN: Gehirn, Hirnrinde. Steuert die Hormonausschüttung der Hypophyse (Hirnanhangdrüse), die intellektuellen, geistigen und sexuellen Entwicklungen.

2. Stirnzentrum:
DRÜSE: Hypophyse. ORGAN: Großhirn und Kleinhirn, Sitz des Wach- und Traumbewußtseins. Steuert die Körpertemperatur, Oxidation (Sauerstoffanregung), Knochenwachstum, Fettstoffwechsel, kontrolliert Wachstum und Intellekt. Reguliert die übrigen endokrinen Drüsen. Funktionsstörung: hochgradige Nervosität, Geisteserkrankungen...

3. Kehlzentrum:
DRÜSE: Schilddrüse, Nebenschilddrüse. ORGAN: Oberes Bronchialsystem, Stimmbänder, vegetatives Nervensystem. Steuert den Energieverbrauch im Körper und die Entwicklung des Kör-

pers. Funktionsstörung: Fett- und Magersucht, Depression und Hochstimmung, Nervosität.

4. Herzzentrum:
DRÜSE : Thymusdrüse, Brustdrüse. ORGAN: Herz, Lunge, Bronchien. Steuert die Produktion der infektionsabwehrenden weißen Blutzellen, Brustdrüse steuert die Menstruation. Funktionsstörung: Gebärmuttererkrankung, Thymus-Abbauerscheinungen seelisch und körperlich, Angstgefühle ect.

5. Solarplexus – Nabelzentrum:
DRÜSE: Bauchspeicheldrüse, Lymphdrüse. ORGAN: Magen, Leber, Milz. Steuert den Blutzuckerspiegel, Stoffwechsel (Kohlenstoffe), die Abwässerung der Lymphe von Giften. Funktionsstörung: Zuckerkrankheit, Giftbelastung, Magenübersäuerung.

6. Beckenzentrum:
DRÜSEN: Nebennierendrüsen. ORGAN: Nieren, Genitalsystem. Steuert das Salz-und-Wasser-Gleichgewicht im Körper und hilft bei der Vorbereitung auf Notsituationen: »Kampf- oder Fluchtreaktion«. Funktionsstörung: Erkrankung der Nieren und Ausscheidungsorgane, Krämpfe, niedriger Blutdruck...

7. Wurzelzentrum:
DRÜSEN: 1. Vorsteherdrüse, 2. weibliche Geschlechtsdrüse (Eierstöcke), 3. Lymphfollikel. ORGAN: Dünn- und Dickdarm, Rektum, Hoden. Steuert 1. Samenflüssigkeit und das Bilden von Samenzellen, 2. Sexuelle Entwicklung der Frau, Eizellen etc. 3. Immunreaktion des Körpers. Funktionsstörung: Impotenz, Zysten, Unausgeglichenheit, Pessimismus, Darmerkrankungen, Hämorrhoiden.

1
2
3
4
5
उआ
पिंगना
6
7

Die positiven Auswirkungen

1. Scheitelzentrum:
Anregung: die Gehirntätigkeit und die Geschlechtsdrüse. Wird angeregt durch: Hirnrinde, Hoden, Eierstöcke. Enorme geistige und seelische Entfaltung.

2. Stirnzentrum:
Anregung: bringt den geistigen Bereich mit dem emotionalen Bereich in Harmonie. Beides wird auch angeregt. Gefühle und Ratio stimmen überein und sind in gegenseitigem Informationsaustausch. Kreative Entfaltung in allen Belangen.

3. Kehlzentrum:
Anregung: Ausgleich des Anregenden und Beruhigenden Nervensystems, verstärktes Umsetzen der Wünsche in die Tat durch zielsichere Handlung. Stärkung der Nacken-, Schulter- und Armmuskeln. Redegewandtheit, Überzeugungsstärke.

4. Herzzentrum:
Anregung: Gefühle von Liebe und Mitgefühl, soziales Engagement und Freude. Mut, Kraft und Offenheit erfüllen den Menschen. Stärkung der Rückenmuskeln, der Muskeln des Brustkorbes und der Atemmuskeln. Durchlüftung der Lunge, Stabilisierung des Kreislaufs und des Herzschlages.

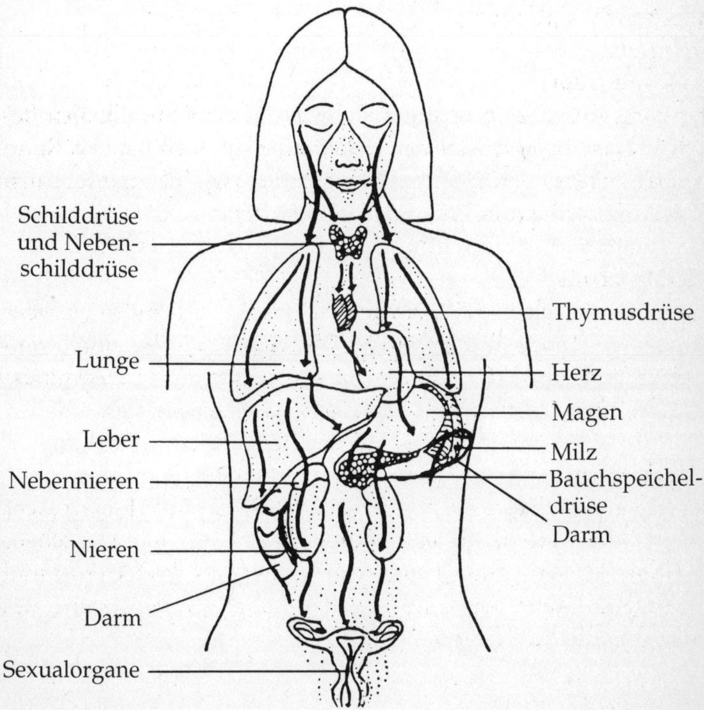
Schilddrüse
und Neben-
schilddrüse
Thymusdrüse
Lunge
Herz
Magen
Leber
Milz
Nebennieren
Bauchspeichel-
drüse
Darm
Nieren
Darm
Sexualorgane

5. Solarplexus – Nabelzentrum
Anregung: durch Leber und Milz: Wiederbelebung von Zellen und Gewebe, Blutdruckausgleich. Der Solarplexus als inneres Kraftwerk wird mit Lebensenergie aufgeladen, Streß und Problembewältigung, Stärkung der Bauchmuskeln und der unteren Rückenmuskeln.

6. Beckenzentrum:
Anregung: Reaktionsvermögen wird geschult, Regeneration von Muskeln, Nervensystem und Zellaufbau. Konfliktlösung und Freiwerden von Belastungen des emotionalen Bereichs, positive gesunde Einstellung zur Sexualität und der zwischenmenschlichen Beziehung, Kommunikationsfreudigkeit. Stärkung der Vaginal- und Genitalmuskeln, Stärkung des Zellgewebes des Gesäßes.

7. Wurzelzentrum:
Anregung: Freude und Liebe und Lust durch die Sexualität, emotionale Freigiebigkeit, Optimismus, Lebensfreude, Realitätsbewußtsein und grundlegende Lebenserfordernisse meistern können. Stärkung der Darmmuskeln und der Beinmuskeln. Stärkung des gesamten Bewegungsapparates, der Wirbelsäule und Gelenke.

HEYNE BÜCHER

Gesundheit

Gesundheit und Erfolg durch Harmonie von Körper, Geist und Seele

Lilla Bek/Philippa Pullar
Chakra-Energie
08/9368

Elsye Birkinshaw
Denken Sie sich schlank
08/9414

Wilhelm Glenk/Sven Neu
Enzyme
08/9217

Silke Grotkasten/Hubert Kienzerle
Wirbelsäulengymnastik
08/9375

Jürgen Krämer
Bandscheibenschäden
08/9058

Kevin und Barbara Kunz
Das große Buch der Reflexzonenmassage
08/9378

Ingeborg Münzing-Ruef
So stärken Sie Ihr Immunsystem
08/9132

Kursbuch für gesunde Ernährung
08/9357

So heilt die Natur
08/9433

Crista Muth
Heilen durch Reflexzonentherapie
08/9094

Christa Muths
Farbtherapie
08/9263

David Symes
Der Cholesterin-Ratgeber
08/9419

Alfred Vogel
Der kleine Doktor
08/9444

Wilhelm Heyne Verlag
München